U0939199

珍藏本
纪念版

汉译世界学术名著丛书

阿古利可拉传
日耳曼尼亚志

〔古罗马〕塔西佗 著

马雍 傅正元 译

2017年·北京

Tacitus

AGRICOLA

GERMANIA

本书主要系根据楼布古典丛书中的 Hutton 英译本和现代丛书中 Church 与 Brodribb 英译本译出，又参照过原文及其他译本，详见译者前言。

汉译世界学术名著丛书
（120 年纪念版·珍藏本）
出 版 说 明

2017 年 2 月 11 日，商务印书馆迎来 120 岁的生日。120 年前，商务印书馆前贤怀揣文化救国的理想，抱持“昌明教育，开启民智”的使命，立足本土，放眼寰宇，以出版为津梁，沟通中西，为中国、为世界提供最富智慧的思想文化成果。无论世事白云苍狗，潮流左右激荡，甚至战火硝烟弥漫，始终践行学术报国之志，无改初心。

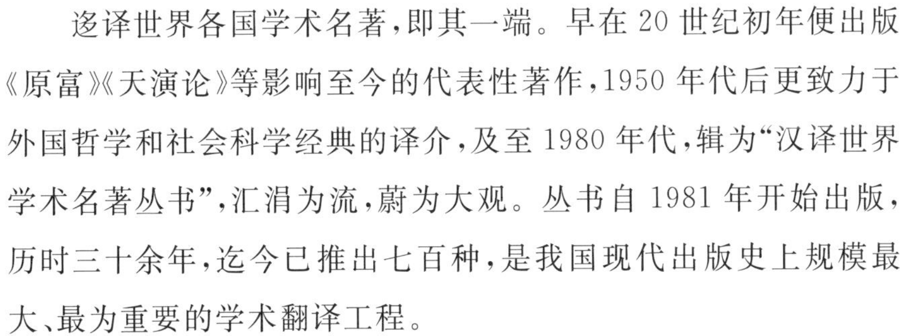

迻译世界各国学术名著，即其一端。早在 20 世纪初年便出版《原富》《天演论》等影响至今的代表性著作，1950 年代后更致力于外国哲学和社会科学经典的译介，及至 1980 年代，辑为“汉译世界学术名著丛书”，汇涓为流，蔚为大观。丛书自 1981 年开始出版，历时三十余年，迄今已推出七百种，是我国现代出版史上规模最大、最为重要的学术翻译工程。

丛书所选之书，立场观点不囿于一派，学科领域不限于一门，皆为文明开启以来，各时代、各国家、各民族的思想与文化精粹，代表着人类已经到达过的精神境界。丛书系统译介世界学术经典，引领时代思想，为本土原创学术的发展提供丰富的文化滋养，为推动中国现代学术和现代化进程做出了突出的贡献。

为纪念商务印书馆成立120周年，我们整体推出“汉译世界学术名著丛书”120年纪念版的珍藏本，寄望既利于文化积累，又便于研读查考，同时向长期支持丛书出版的译者、编者和读者致以敬意。

两甲子后的今天，商务印书馆又站在了一个新的历史时间节点上。我们不仅要铭记先辈的身影和足迹，更须让我们的步伐充满新的时代精神。这是商务人代代相传的事业，更是与国家和民族的命运始终紧密相连的事业。我们责无旁贷，必须做好我们这代人的传承与创造，让我们的努力和成果不仅凝聚成民族文化的记忆，还能成为后来人可以接续的事业。唯此，才能不负前贤，无愧来者。

商务印书馆编辑部

2017年10月

目　次

译者前言

塔西佗的作品，流传下来的版本很多，各有不同的地方，英文译本也有许多种。我们的译文，主要是根据两种英译本译出的：一种是哈吞（M. Hutton）的译本，刊于“楼布古典丛书”（The Loeb Classical Library）中，这是一个拉丁文与英文对照的版本；另一种是车迟（A. J. Church）和布洛居礼布（W. J. Brodribb）两人合译本，刊于“现代丛书”（The Modern Library）中。这两个版本各有优劣，它们所根据的拉丁原本也不相同。哈吞对于他所根据的拉丁原本做了一番考订工作，他的译文，主要是帮助读者阅读拉丁文用的，谈不上什么文学风格，但是比较忠实。车迟和布洛居礼布二氏所根据的拉丁原本可能不如哈吞所据原本之可靠，但他们的译文流畅、优美，只是在个别地方作了些不必要的增添和修饰。我们在翻译本书时，以“楼布古典丛书”中哈吞所据的拉丁原本为蓝本：因此，凡是在这两种英译本有大出入的地方，我们几乎完全依从哈吞译本；而在两个译本大致相同的地方，我们则多采取车迟和布洛居礼布二氏的译法。

译完初稿以后，我们根据哈吞的拉丁原文逐句校阅了一遍。不过，塔西佗的拉丁文素以艰深著称，而我们对拉丁文的修养有限，所以在校阅工作中，理解错误之处，当亦在所难免。为了审慎起见，我们另外又参照了两种译本：一种是“人人丛书”中穆菲(A. Murphy)的英译本，这个译本比较陈旧，与拉丁原文出入处颇多，错误较大。但译文很美，也有参考的价值；另一种是比尔努(J. L. Burnouf)的法译本，这是一个法文拉丁对照本，其所根据的拉丁原本与哈吞所根据的拉丁原本不同，可能同于车迟和布洛居礼布二氏所据的拉丁原本。这个法译本是很著名的一种译本，对我们也有很大的帮助。

专门名词除了部分已经通用的译名以外，大都按拉丁读音译出，与大家过去习惯的英文读音自有不少出入。

凡对本书译文提过意见和给予过帮助的人，译者都在这里向他们致以最衷诚的感谢。此外，译者希望读者给它提出宝贵的批评并指出它的纰缪。

译　者

一九五七年秋

塔西佗及其作品

古代罗马共和国是一个建立在奴隶主占有奴隶并剥削奴隶的经济基础之上的国家。奴隶的劳动造成了罗马的繁荣、富庶、强盛和辉煌的文化。但是，随着奴隶制经济的发展，奴隶们反抗剥削者的阶级斗争也一天比一天尖锐，因而不断地削弱了罗马统治阶级的力量。公元前七四年，爆发了斯巴达卡斯所领导的奴隶大起义，这次起义延续了很长的时间，震撼了罗马全国，使罗马奴隶社会的经济发生严重的危机，加速动摇了奴隶主的共和政体。为了加强对奴隶的统治，罗马不得不过渡到军事独裁的形式，由共和政体转变为帝制。但是，奴隶主们虽然改变了和加强了统治机构，却未能彻底挽救社会经济中的深刻危机。奴隶运动仍然继续不断地发生，奴隶制生产关系逐渐解体，帝国内部力量因为阶级斗争的复杂化和尖锐化而日益薄弱，对外的声威也一天不如一天。莱茵、多瑙河外的“蛮族”日耳曼人逐渐成为帝国最大的威胁，终至颠覆了它。

罗马伟大的史学家和文学家塔西佗·科纳留·普布留（或盖攸斯）（Tacitus Cornelius Publius〈或 Gaius〉）正生活在罗马帝国盛极而衰的这段时期中。关于他个人的历史，我们所知者甚少。除了从他自己的作品中可以找到一些线索而外，只有他的朋友小普林尼（Plinius the Younger）的十一封信札是唯一可供参考的文献。因此,我们对于他的生平,不甚了然,仅能作出一点简单的报道。

塔西佗的家业和出生地点已经无法确知了。他大约出生在一个高贵的旧贵族家庭里。他的父亲曾在高卢做官,地位颇高。他生于公元五五年以前不久,死于一一七年至一二〇年之间;他的一生经历了皇帝尼罗、加尔巴、维泰利阿斯、魏斯巴兴、狄度斯、多米先、纳尔瓦和图拉真诸朝。

他在少年时代,曾就学于当时著名的修辞学家匡体良(Quintilian),后来又从阿朴尔(Aper)和塞孔都斯(Secundus)学法律。他成为一个有名的辩护师。公元七七至七八年之间,他和执政官阿古利可拉的女儿结了婚。阿古利可拉是当时军政界的要人。塔西佗可能一方面由于自己在法庭上的声誉,一方面由于结了这门好亲戚,所以便在魏斯巴兴朝开始厕身政界。公元七九年至八一年左右,他曾任财务使之职,八八年升任大法官。八九至九三年之间,离开罗马,大约在外省做官。所以当他岳父阿古利可拉逝世的时候,他和他的妻子都不在死者身边。在这段时期内,他可能游历过罗马帝国北部边境一带,他对于日耳曼人的知识大约就是在这时得来的。公元九七年,他回到罗马,任执政官。在一一二至一一六年之间,他曾出任亚细亚行省总督。他的仕宦生涯,大抵如此。其他情形,我们都无从知道了。

虽然我们对于塔西佗一生的事迹知道得不多,但我们对于他的政治见解和历史观点却可以从他的作品中得到一般的认识。塔西佗在政治上显然是倾向于共和派的,他对于帝制具有强烈的反感。一方面,可能由于他出身于旧贵族家庭的缘故,他对于旧的奴隶主贵族共和政体表现出无限的留恋和向往。旧贵族在共和政体下所享受的“自由”,在帝国时期无疑地要受到相当的限制。塔西佗在他的作品中颂赞着往日的“自由”,而对于帝国时期的专制则深恶痛绝,他对大多数的皇帝,连奥古斯都在内,都没有好感,他尤其痛恨皇帝手下那些趋炎附势、谗害旁人的“告密者”。他本人并没有见到共和时期,但在他那个时代,共和派和帝制派的人物之间的斗争还很激烈,塔西佗对共和派深表同情,他经常提到那些被皇帝杀害和放逐的共和派人。虽然塔西佗在这方面可能受他的阶级本能影响,但是,他揭露了许多统治者的残暴、荒淫、丑恶和愚笨。被当时大多数政客崇奉为神圣的、英雄的皇帝们,在塔西佗的笔下成了微不足道的人物。他对于帝国时期统治者的狰狞面目以及政治上的种种黑暗面所作的无情的揭露,使我们对当时的情况具有较深刻的认识。

另一方面,如前所述,塔西佗所生活的时代正是罗马国家由盛而衰的一个时代,当时,在罗马帝国的政治、军事、文化、社会生活各个方面都表现出衰落的现象。塔西佗虽然不能理解到这种衰落现象的社会背景,但他却受到这种现象的强烈刺激。在他的作品里,对于罗马帝国时期国力的衰微、官吏的贪污暴虐、军事的失利、军队纪律的松弛、学术空气的不自由、演说术的低落、统治阶级生活的腐化堕落、被压迫民族的痛苦等等都作了详尽的报道。我们不敢说塔西佗在他的著作中完全没有报道失实的地方,但是,他的写作基本上是现实主义的,他从来不打算掩饰罗马帝国在各方面的矛盾和黑暗,而是勇敢地去揭露它们。因此,他的作品能够真实地反映出奴隶制帝国在走向崩溃的初期中的种种症状,而使我们在研究这一个时期的历史时有了宝贵的事实材料。

*　　　　*　　　　*

塔西佗在罗马的法庭上是一个口若悬河、滔滔不绝的演说家，而他在古来的文坛上更是一员健将。他的作品中充满了他自己的感情，即使在描写与自己完全无关的事物时，也渗入有他的感情在内。他的说服力很强，但这并不是理智上的说服力，而是感情上的说服力。他从来不用说教的方式劝人们相信他的叙述，而是用他自己真挚的、强烈的爱憎来引起读者们的同情和信任。他的描写生动、幽默。他对于人物性格的分析比较深刻，对于政治生活的理解比较透辟，出语警策，发人深思。我们常说，欧洲近代文艺受古典文艺的影响很大，那么，在塔西佗身上是可以找得到这种传统精神的线索的。我们在读他的作品时，很容易有这样的感觉：他仿佛尽量想表现他是站在他所描写的对象之外的，但他却总是和他所描写的对象融合在一起。这也许正是他成功的地方。

塔西佗也可以说是一位不很幸运的作者。他的作品在当时并没有得到很高的声誉；在中世纪，他简直被遗忘了。直到文艺复兴时代，意大利的文学大师薄伽丘（Boccaccio）得到了一部分塔西佗的残稿而予以推崇以后，塔西佗的名字才引起人们的注意。但到了今天，当我们屈指数一数罗马最有名的史学家或文学家时，是绝对忘不了塔西佗的。

塔西佗的著作流传至今者共有五部，现在按照他写作时间的先后列举如下：

1. “阿古利可拉传”（Agricola）
2. “日耳曼尼亚志”（De Germania）

3.“演说家对话录”(Dialogus de Oratoribus)

4.“罗马史”(Historiae)

5.“罗马帝国编年史”(Annales)

其中之“阿古利可拉传”和“日耳曼尼亚志”将留在后面再谈，现在先把他的其他三部作品作一点简单的介绍。

“演说家对话录”大约是塔西佗在公元一〇二年左右写成的。这是他早期的一部作品，也是他唯一模仿西塞罗文体的一部作品——后来他便改变了这种文风，因此，“演说家对话录”和他其他的作品在笔调上是不相似的。这部书谈论的是罗马演说术衰落的原因。他通过书中人物——诗人马特尔努斯(Curiatius Maternus)、辩护师阿朴尔(Marcus Aper)、史学家塞孔都斯(Julius Secundus)和贵族梅萨拉(Vipstanus Messalla)——的谈话来讨论演说术的重要性、当时演说术和前代演说术的差异、怎样教育青年人学演说术和修辞学等问题，而最主要的是研讨当时演说术远不如前代之盛的原因。按照作者的看法，罗马帝国时期演说术衰落的原因是由于社会生活的改变。因为在共和国时期，生活丰富多彩，政治上有激烈的竞逐，所以演说争辩之风才能盛行。到了帝国时期以后，天下定于一尊，生活安静、平板，演说之术自然也就无用武之地了。

“罗马史”约在公元一〇五至一〇九年之间问世。小普林尼曾参加这部作品的写作，他不仅替塔西佗搜集一些资料，而且还对该书个别部分作过修订。这部书所叙述的时代，包括了加尔巴至多米先诸朝，上起公元六九年，下迄九六年。全书共十二卷，但现在只剩下残本，即原书最前四卷及第五卷之一部分。所以我们所见到的史料只到魏斯巴兴朝早年为止。

“罗马帝国编年史”的写作时间较“罗马史”为晚，但大约在“罗马史”还没有写完的时候，即已动手写“罗马帝国编年史”了。这部书是在公元一一六年左右完成的。它所包括的内容是从提庇留即位到尼罗之死的一段历史。据说他写这部书是有志于继承李维的巨著的。现在这部书也已经残缺不全了。我们所有的是第一至第四卷和第五、第六两卷的残篇（所叙述的均系提庇留朝之事）以及第十一至第十五卷和第十六卷的残篇（所叙述的为克劳迭和尼罗朝之事）。

*　　　　*　　　　*

“阿古利可拉传”大约是在公元九八年左右问世的。这是塔西佗替他的岳父阿古利可拉所写的一部传记。阿古利可拉是完成并巩固罗马在不列颠的统治的人物，他的一生事迹和不列颠的关系至为密切，所以塔西佗这部传记中有绝大部分篇幅是用来叙述不列颠的情形的。这不仅是一本传记，也是我们研究古代不列颠的一部文献，虽然其中的记载并不很完备和完全可靠，但究竟是有价值的。

“阿古利可拉传”全书共分四十六节，大约可以分成五个部分。最前面三节算是短短的序言，塔西佗在这里发抒了他对当时罗马政治和社会风气的一些愤激之辞。第四至第九节是叙述阿古利可拉的家世、少年生活和他在出任不列颠总督以前的一段仕宦生涯——其中包括他两度在不列颠军队中服役的经历。第十至第十七节是对不列颠的地理状况和居民所作的一般描述以及对罗马人经营不列颠的简史所作的报道。第十八至第三十八节是用来记载阿古利可拉在任不列颠总督时的政绩和军功的，这一部分占全书的一半左右，也就是全书的重点。第三十九节到最后是叙述阿古利可拉回到罗马以后怎样用容忍、谦退的态度来避免多米先的嫉害、他的死亡以及塔西佗对他所作的诔辞。

关于塔西佗写"阿古利可拉传"的动机，存在着三种说法。第一种说法认为塔西佗这部传记是他在阿古利可拉安葬的时候所作的演说辞。按照古代罗马的风俗，在举行葬礼时经常是有人发表演说的。但根据"阿古利可拉传"写成的时间看来，距离阿古利可拉逝世的时间太久，所以这种说法的可能性不大。第二种说法认为塔西佗写这本书是替他的岳父作辩护的。因为在多米先暴君之朝，许多正直的人都遭到残害，而阿古利可拉终于默然寿终正寝，当时人可能对他不无微辞，认为他是一个较圆滑、软弱的人物。所以塔西佗写这本传记来袒护他，在传记中再三强调阿古利可拉和多米先之间的不和谐。第三种说法则认为塔西佗写这部传记是在写大部头的史书以前的"试笔"。第二种说法和第三种说法是可以共存的。至于我个人的看法，我觉得与其去费力追究塔西佗写作的动机，倒不如多花些时间去玩味他的作品。

"阿古利可拉传"虽然有一定的史料价值，但作为一种史料来看，这部书并不是很成功的。塔西佗对于地理和军事常识颇为贫乏。他关于不列颠的地理位置描写得不很正确，关于气候和物产的记载有些滑稽可笑，而他所引证的地名大多无从查考。他所记叙的战役也有一些失实。但是，这部传记很好地反映了罗马人对于不列颠人的残暴统治和罗马官场中的一些黑暗面貌，它能使我们对奴隶制帝国的精神得到较深刻的体会。这种价值是并不在史料价值之下的。

从文学上来看，"阿古利可拉传"是一部很成功的作品。有些外国学者认为这部作品不是一部好的传记文学，因为作者没有把全书的精神集中在主角身上。我们觉得这种看法未免有些迂腐和不公允。因为人们是从作品本身的内容来看它的价值，而不是从固定的体裁观念来衡量一部作品。塔西佗在这部传记里突出地描写了阿古利可拉一生中最重要的事迹，他对这位主角的性格和作风的刻画也很生动。作者的目的是在于颂扬阿古利可拉，他的这一个目的也得到了绝大的成功。

第一至第三节、第三十至第三十二节以及第四十六节是写得最精彩动人的。我们尤其喜欢第三十至第三十二节中不列颠酋长卡尔加可士的誓师辞，这段演说也许是塔西佗杜撰出来的，但它却真正说出了不列颠人心里的话，它激昂慷慨、痛快淋漓，使人读到这里不能不深深感动。

*　　　*　　　*

"日耳曼尼亚志"大约也是在公元九八年写成的，这是"阿古利可拉传"的一个姊妹篇。这篇作品详细地报道了罗马时代日耳曼尼亚以及住在日耳曼尼亚的各个部落的情况。它可能是最早一部全面记载古代日耳曼人的文献，因为朱利乌斯·恺撒的"高卢战记"只是零星地谈到了一些日耳曼人的情况而已。

"日耳曼尼亚志"也分为四十六节。我们大约可以把它分为两部分：自第一节至第二十七节是概括性的描述；自第二十八节至最后是分别记叙各个不同的部落的情况。

"日耳曼尼亚志"在文学上的价值是比不上"阿古利可拉传"

的，至少我认为是如此。这部作品中的叙述比较平易，没有许多令人激动的地方，这可能是受到题材的限制。但是，读起来还是感到很优雅、清新、幽默，有力量。

这一著作的史学价值却是很高的。虽然塔西佗对于日耳曼尼亚的地理状况、对于日耳曼人的生活状况也不免有些不甚了然的地方，但大体上是报道得很正确的。我们在研究日耳曼人的历史、研究德国古代史的时候，绝不可能不首先提到塔西佗的“日耳曼尼亚志”。其中关于日耳曼人各个部落的分布、风俗习惯、宗教信仰以及整个日耳曼人的经济生活、政治组织和社会生活等的材料都是极可珍贵的。外国的史学家们在研究、整理、考订、注释这部作品方面花费了许多时间，也得出了不少的成绩。尽管后代的学者们发现了若干塔西佗所不曾知道的事情和纠正了塔西佗的若干错误，但是，塔西佗的原著始终是这些工作的主要蓝本。恩格斯在“家庭、私有制和国家的起源”中曾引证了“日耳曼尼亚志”的材料，而他在另一篇经典著作“论古代日耳曼人的历史”（中译文见“史学译丛”一九五五年第二期）[1]中更详细地引述了塔西佗的记载，这都是我们在研究“日耳曼尼亚志”的时候应该阅读的。

*　　*　　*

无论是有关不列颠人的“阿古利可拉传”也好，无论是有关日耳曼人的“日耳曼尼亚志”也好，塔西佗常常脱离了罗马人的立场来描写那些和罗马人敌对的异族的。因此，这两部作品不仅都叙

〔1〕 又见恩格斯：《论日耳曼人的古代历史》，载《马克思恩格斯全集》中文版第19卷，第478页。——编者

述了那些社会发展较落后的部落与奴隶制社会发展到高度的罗马之间的关系，而且也都表现出塔西佗本人对于落后与先进的文化、新生与腐朽的力量的看法。

有人认为塔西佗反对社会向前发展，这是不正确的。塔西佗在这两部作品中都很明显地指出了不列颠人和日耳曼人在物质文明和社会组织上远远赶不上罗马人的地方（虽然他对那些落后的现象带有嘲笑的口吻，然而指出这些现象总是对的）。塔西佗并没有同情于那些落后的东西。不过，塔西佗却同时也指出了那些部落中的生气勃勃的力量，指出了他们富于斗争的精神，指出了他们的自由、纯洁、朴实；他把这些拿来和罗马社会的堕落、腐化、淫荡、不自由、虚伪等等作了鲜明的对比。他讽刺、指责罗马人的地方远较他讽刺、指责敌人的地方为多。一方面，他承认罗马人的发展比不列颠人和日耳曼人进步；另一方面，他揭露出罗马奴隶制文明的缺点和丑恶：这并没有矛盾之处。

塔西佗不是一个狭隘的沙文主义者，他站在比较公正的立场来对待罗马同其他民族的关系。他尖锐地攻讦罗马统治者对于那些部落所施的残暴行为，也揭露出罗马统治者的挑拨离间和笼络软化敌人的卑鄙手段。他同情受侵略、受迫害的人民，他指出不列颠人和日耳曼人不能团结一致是他们遭受奴役的主要原因。他甚至替他们策划反对罗马残暴统治者的方案，替他们发泄被奴役的人民心中的愤怒和悲痛。这正是塔西佗伟大和可爱的地方。

译　者

一九五七年秋

阿古利可拉传

(Cnaeus Julius Agricola)

将名人的事迹和品德播传于后世,这是前代流行的风气:到了 1
我们这个时代,虽然对于当世人物漠不关心,但是,一旦遇到有些人的德业宏伟,使得愚陋和嫉妒的浇风薄俗不能不为之屈服的时候,这种写传的风气毕竟也还不致完全泯灭,至于那种愚陋和嫉妒的习气,实在是大小国家的通病。在前代,正因为那些值得记述的事迹,其行事多出乎自然,而且也比较光明磊落,所以才能使一些大手笔流传下许多德音的记录。那些作家没有偏袒附和或别有用心的动机,他们只求无愧于自己的良心;甚至有些人认为记述自己的生平也算不得是僭妄自大,而是出于自重自敬。茹提里乌[1]和斯考茹斯[2]都曾写过自传,但是并没有损害他们的信誉,也没有引起旁人的轻蔑。在最容易产生美德的年代里,美德才最能为人们所尊重,信非虚语。然而,在今天,纵使我要写的这位人物的生平已成过去,我也得要请求世人的宽恕;如果我怀有詈辱攻讦的目的,那反而倒不必请求宽恕了。在我们这个时代中:风气之浊如此,对美德之存冷诮如此[3]。

据说茹斯替古斯·阿茹勒努斯(Rusticus Arulenus)[4]就因为 2
称颂特拉萨·拜图斯(Thrasea Paetus)[5]、赫伦尼乌·塞内契阿

(Herennius Senecio)[6]就因为称颂赫尔维底乌·普累斯古斯(Helvedius Priscus)[7]而被处死,不仅这两位作者身罹极刑,而且他们所写的书也同时遭祸:我们大手笔的传世之作,竟委诸刑吏之手,而在公所的庭院里付之一炬。毫无疑问,他们设想:人民之声、元老院的自由和人类的良心都会被这把火烧得干干净净。为了使任何地方都不可能有美德的记录呈现于人们眼前,所以才连那些专心研究哲学的人们都得被放逐于外,一切自由的文明都得摒弃。的确,我们已经充分证明了我们的柔顺屈服;如果说我们的先人亲眼见过极度放纵的自由,那么,我们真是处在极度奴役之下。我们的"告密人"已经连我们说话和听话的权利都给剥夺掉了:如果健忘能够像沉默一般的容易,那么,我们会把记忆和语言都同样地抛掉。

3 到了今天,我们的元气终于又开始恢复了。不过,虽然在这个幸福时代的开端,纳尔瓦(Nerva)就着手把威权和自由这两个长期不能并容的观念结合起来;虽然图拉真(Trajan)现在又在继续不断地增进着时代的幸福;虽然大家现在不仅企望着、吁请着公共安全,而且公共安全也有了实现的保障:然而,由于人类天性怯懦,所以,斵丧元气很容易,而恢复元气的效验却很迟缓。正像人的身体发育缓慢而衰朽迅速一样,使人的精神和热心沮丧,要比使它们复元振作容易得多:何况,无精打采这种现象本身就含有一种神秘的魅力,所以,我们虽然起初憎恶死气沉沉,久而久之,我们却会对它恋恋不舍了。唉!十五年之久,在人的一生中不为短矣,我们中间有不少的人就在这十五年之中因事故和变化而折杀了;还有那些最有才能的人都死于皇帝的暴力之下;而少数至今犹健在者不仅比起他们的朋友们算是寿命较长，就是对他们自己而言，也该算是命数应尽而侥幸延年了，他们葬送了十五年的青春，在十五年之中，成年者已老，老年者已衰朽不堪，而他们却都不曾张过嘴唇。我打算记载我们早先那种受奴役的状况，并证实我们目前的幸福，纵然我的辞令钝拙，亦无所悔。同时，这本书是写来替我的岳父阿古利可拉作辩护的：这种勉尽孝思的借口即使不能使本书获得嘉誉，也庶几可以使它幸免于咎责吧！

克奈乌斯·尤利乌斯·阿古利可拉出生在古老而有名的罗马 4
殖民城佛伦—尤里邑(Forum Julii)[8]。他的祖父和外祖父都曾任“皇室财务使”(Procurator Caesaris)之职，凡居这种官职的人都属于骑士阶层最高的一级。他的父亲尤利乌斯·格雷契努斯(Jlius Graecinus)位至元老院议员，以笃嗜修辞学和哲学知名于世，他正因为这种才能而遭到凯乌斯·恺撒(Caius Caesar)[9]的嫉妒。凯乌斯·恺撒命令他去弹劾马古斯·西拉努斯(Marcus Silanus)[10]，他不肯从命，终于因此被害身死。阿古利可拉的母亲尤丽雅·普罗契拉(Julia Procilla)是一个贤德罕见的妇人。阿古利可拉幼承慈母之教，他的童年和少年时代都是在追求高尚优美的才艺中度过的。他之免于腐化堕落，不仅因为他的天性忠悫端直，而且也因为他自幼以来就住在马西利亚(Massilia)[11]，并且开始是在那儿就学的，那个地方适当地杂糅着希腊的优雅和外省的淳朴。我记得他经常说到他早年之沉醉于哲学，要不是他母亲谨慎地对他炽热的精神予以遏止的话，他之浸溺于哲学的程度将会使他不适合作一个罗马人和元老院议员了。他当时的志气正不可一世，他不知顾忌而一味热衷地希望立登清要之路；但不久以后，理

智和阅历就冲淡了他的热肠，他从学问中掌握了人生最难的一课，那就是中庸之道。

5　他的初次军事见习是在不列颠开始的[12]，在该处，他为随多尼乌·鲍里努斯（Suetonius Paulinus）所赏识[13]。随多尼乌·鲍里努斯是一位谨慎而稳健的将军，他后来选中了阿古利可拉，和他同营共住以试察他的才能。阿古利可拉既不像年轻人那样把军务视同儿戏、漫无主意地胡行，也不无所事事地荒于游嬉。他并不因为身任将军而肆意享乐，或因为自己阅历浅薄而推卸责任。他立意要使自己了解这个行省，并使自己为兵士们所熟悉。他向有经验的人请教，向最勇敢的人看齐；他从不贪于自炫而轻尝妄举，但也不畏避任何事务：他成了一个临事而惧、好谋而成的人。诚然，不列颠没有比这个时候更骚动危急的了：退伍的兵员[14]都遭到了屠杀，罗马的殖民城遭到了焚毁，各地驻军的联系被割断了[15]；当时的作战还只是为了生命的安全，以后才是为了胜利。虽说处理这些军事部署和调兵遣将之权都另有人主持，虽说成功和恢复该省的最高光荣属于督帅，但是，所有那些情形都使这位下级军官增长了见识、阅历并引起了他的上进心，引起了他立功建誉的欲望。然而，在那样一个仇视雄才大略的时代里，这种欲望是不受欢迎的；在那个时代，美誉和恶名有着同样的危险。

6　他离开不列颠以后，来到罗马，做了一任邑宰；在邑宰任上，他和一位名门的女儿多米契雅·德齐迪雅娜（Domitia Decidiana）结了婚[16]。这场婚姻顿使他在仕进途上受到优遇和得到有利的支助；由于他们夫妇之间两情融洽，并且能互相自我牺牲，因此家庭生活异常谐睦。不过，一个贤淑的妇人应享有更多的荣誉，正如一个不贤的妇人应遭受更多的指责。阿古利可拉后来任亚细亚行省的税务使之职[17]，他的总督是萨尔威乌·狄提雅努斯（Salvius Titianus）。这个行省是一个富足的地方和贪官酷吏渔利的渊薮，而这位总督又打算用尽一切方法来进行掠夺，打算对一切都抱纵容态度、以此来贿买上下，彼此对非法罪行都缄默不言；然而，这个地方和这位上司都没有使阿古利可拉堕落腐化。他在那里生了一个女孩，这对他是一个安慰，因为他已经生了一个男孩而这个男孩不久又死去了。在此以后，他在任平民保民官以前的一年和居职的一年中都是在安静无为中度过的[18]。他对尼罗（Nero）的统治深有见地，在尼罗统治的时候，恬静默忍乃是聪明之道。他做了一任大法官[19]，在大法官任上，同样也以不闻不问为治，也没有什么司法事务落到他身上来。至于仕途的竞逐和官场中的其他排场，他都以一种介乎冷静、理智和铺张浪费之间的态度对待之：一方面，他绝不至于挥霍放荡；另一方面，他也很注意光彩体面。后来，加尔巴（Galba）擢拔他去调查那些神庙贡物的耗费情况，他辛勤调查的结果，使全国的人都免除了亵渎神明的良心谴责，而证明了犯罪者只有尼罗一人。

翌年，他的家庭和他宁静的心情遭受到一次沉重的打击。有 7
一群到处流浪的鄂托（Otho）手下的水手们劫掠印梯米里乌姆（Intimilium）（地在里古利亚〈Liguria〉郡）；他母亲所住的庄子就在此处，那些水手将庄子洗劫一空，抢走了她的大部分家产，并因此杀死了她。阿古利可拉在准备居丧尽礼的时候，突然听到魏斯巴兴（Vespasian）起兵夺取帝位的消息，他立刻就投到魏斯巴兴的手下。魏斯巴兴初即帝位之时，朝政和京都都由穆契雅努斯（Mucia-

nus)主持;那时,多米先(Domitian)还很年轻,他还只会仗着他父亲的权势去寻欢取乐。穆契雅努斯派遣阿古利可拉去征集军队;阿古利可拉表现得忠实可靠而且能力很强,不久以后,他就受命去统率第二十军团[20]。经历了很久的时间和很多的周折,这个军团才肯向阿古利可拉宣誓服从。据说他的前任统帅曾有叛变之举,这种事件,即使是执政官也会感到很棘手;而这个军团兵士之难于控驭,可能是由于前任统帅的纵容,也可能是由于兵士们骄悍成性。阿古利可拉是派来接替并处分前任统帅的:但由于他特别宽厚而机警,他使人相信他所遇到的这些人都是忠诚的,而事变之平定也并非出于他的强制。

8　这时候,魏提乌·波拉努斯(Vettius Bolanus)正统辖不列颠:他的统治过于柔和,对于这个容易骚动的行省来说是不相宜的。阿古利可拉自然也约束自己的才干和遏抑自己的热心,以免使自己锋铓太露。他现在已经习惯于服从,并且知道怎样才能随机应变而仍不失其正派作风了。不久以后,白提里乌·车累亚利斯(Petilius Cerialis)调任不列颠总督[21];阿古利可拉的才具现在大有施展之余地了。起初,车累亚利斯分配给他的任务只是操劳和危险的事情。但不久以后,他便享受到战争中所得到的荣誉,并经常被派去帅领一部分军队以考验他;有时因他的成绩良好而增加他的兵力。但阿古利可拉从来不骄矜自夸以提高自己的名声。他把功绩归之于他所代行职务的负责的将军身上:就这样,由于谨慎的服从和谦虚,他才保持嘉誉而又不致遭忌。

9　当他从军团统帅职调回时,先帝魏斯巴兴把他录入贵族之列[22],并命他总督阿奎达尼亚行省(Aquitania)。这个职位,从它所行使的职权而言，从它能有升任执政官的希望而言，都是一个特殊的宠异。一般人认为，军事人才多缺乏机智，因为带兵是一件粗糙生硬的工作，从这种工作中训练不出担任公职时所需要的精密细致的能力。但阿古利可拉由于天性精敏，所以他现在虽然兼管军民而能应付裕如，处事也不失于公允。而且，他把办公事的时候和公余之暇划分得非常明显。当他居公的时候，他是谨慎、敏捷、威而不猛的；在公务既毕之后，他就放下办公事时的面孔：他丝毫没有粗暴、骄傲和苛求于人的性格。然而，难得的是：他能温厚而不损其威，能严肃而不伤其和。对于这样一位伟大的人物，如果还在这里细论他的端直和克己功夫，那就未免是一种轻蔑之言了。就是贤德君子，也不免喜欢沽名钓誉，而阿古利可拉却从来不愿以炫己之长或用机巧之术来博取名声。他避免在同僚之间排挤倾轧，避免和皇室财务使争权夺势：他认为在这类活动中得到胜利并不光荣，遭受失败也不是耻辱。他留治阿奎达尼亚行省将近三载，后来因为有立刻升任执政官的希望才被调回[23]。在他调回任执政官的时候，一般舆论都认为不列颠方面将来一定会由他出马[24]：这并不是因为他本人暗中散布出这种空气，而是因为大家都以为他去不列颠最为合适的缘故。舆论并非总是错的，有时甚至能指出适当的人选。当他任执政官的时候，他将一位仪范可观的女儿许配给我，那时我还是一个青年。在他执政官卸任之际，把女儿正式嫁给我；随后他就被派到不列颠去，赴总督之任，并兼掌不列颠司祭之职[25]。

关于不列颠的地理和居民的状况，已经有许多前人记述过了； 10
我现在再来描叙一番，并非敢于自认在研究方面和才气方面可以和前人比美争胜，不过是因为不列颠直到现在才初次彻底被我们征服：所以，早先的作者们用健笔华辞所润饰的种种记载仍多系揣想之辞，而我现在所叙述的却是信而有征的了。在罗马人所知道的岛屿中，不列颠是最大的一个岛，就其方位而言：东对日耳曼尼亚；西面西班牙；它的南面，高卢遥遥在望；而它的北面是一片汪洋大海，略无涯际，惟有惊涛拍岸而已。古代史学家中之李维（Livius）和近代史学家中之法比乌·茹斯替古斯（Fabius Rusticus）[26]都算是描写事物最逼真的了，他们或把不列颠全岛的形状比做一面长盾，或比做一柄双刃战斧。该岛不包括喀利多尼亚（Caledonia）[27]在内的一部分地方的确是像这种形状，一般人就因此而误将全岛描述成这种形状了；殊不知在越过了那狭窄的地峡以后，又有一块广阔的地面突出来，然后再逐渐变狭，最后终于一端，构成一个楔形。直到最近，罗马的兵船才首次沿着这最遥远的海岸绕航一周，从而断定不列颠的确是一个岛屿；同时，他们还发现了前所未知的奥喀德斯群岛（Orcades）[28]而征服之。在这次航行中，他们还看到了北溟之国（Thule）[29]，但上面的命令只要他们到此为止，而且隆冬已经来临，所以他们才不曾前去[30]。他们说那一带的海水非常濡滞，船桨不易划动，甚至风力也不能鼓起大浪。据我推想：大风之作，莫不起于旷野与山陵之间：这一带地方既少平陆，更无高山；而海面辽阔，积水幽深，所以海水流动尤为迟缓。关于海水和浪潮的性质，非本书所当论及，前人言之者甚多，此处更毋庸赘述，我只想简单地补充几句而已。在这里，海洋所侵占地面之大，远非他处所见者可比：在这个岛上，四面八方都为海流所灌注；潮汐的涨落不仅及于沿岸一带，而且还蜿蜒曲折地侵入陆地的深处，甚至有些海水流潴在山岭丘陵之间，好像以此为家似的。

最早居住在不列颠者为何种人？他们是土著还是外来的移 11
民？我们对于这类问题，像对于其他蛮族一样，所知者极少。不列颠居民的形貌特征有许多不同的类型，根据这些类型，我们可以作出推断。喀利多尼亚的居民有红色的头发和健壮的肢体，这很明显地说明了他们是属于日耳曼人种的。西鲁瑞斯人（Silures）[31]面色黧黑，头发大多卷曲；而他们所居之处又正与西班牙隔海相望：凡此种种都说明他们是古代渡海来此而占有了这一带地方的一支伊伯利安人。和高卢人相距最近的一带地方的居民也很像高卢人：也许他们是出于同一族；也许因为他们所居住的两岸相距太近，气候相同，所以体质也长得一样：不过，从各方面来看，可以相信高卢人是曾经移殖到与自己邻近的这个岛屿[32]上来的。这一带居民的迷信和宗教仪式与高卢人的习惯最为近似；他们彼此的语言也没有多大的差异；他们都同样地好招惹危险，而当危险来临的时候，又都同样地畏缩。不过，不列颠人还没有因长期安逸而流于委靡不振。我们知道，高卢人也曾有过一度煊赫的武功，但后来他们因安享太平而习于游惰之风，他们的自由也就随着尚武精神同归于尽。在不列颠人中，那些久已被征服的部落也已经委靡不振了；但其余的部落还保持着高卢人当年一度雄强时的气概。

不列颠人的力量在于步兵。有些部落也用战车：御车的人地 12
位较高，随从的人作战。不列颠人曾经一度受过若干国王的统治，但现在却分裂成了许多部，各由酋帅领导之。在对付这样一个强大部落时，他们行动之不统一正最有利于我们。他们之中，很少有两三个国家会合在一起来击退一个共同威胁的事；因此，他们各自

为战而全体被征服。不列颠的天空里经常阴云密布，零雨凄迷，不过，酷寒的天气倒是没有的。该处的白昼比我们这里的白昼为长；夜间的天空也颇为明朗，在不列颠的极远之处，夜晚非常短，所以在薄暮与拂晓之间，只有很短的间隔。据说在天净无云之时，通宵都可以见到太阳的光耀；在那儿没有日出与日落，太阳只是在天空横过一下而已。这是因为：在大地这扁平的极端，地面所投射的阴影很低，所以黑暗面不会升得很高，而天空以及天上的星曜自然也就不会为夜色所笼罩了[33]。

在不列颠的土地上，寻常种种农作物都能生长，甚至都很茂盛，唯有橄榄、葡萄及其他一般生长在温暖地带的植物是例外。在该处，植物生长得很快，而成熟得很迟；这两种不同的情况却是由于同一种原因造成的，那就是因为土地和天空中的湿气太重的缘故。不列颠出产金、银及其他金属，征服它的值就在于此。这里的海中也出产珍珠，但珍珠的色泽黝暗。有些人认为这是由于这儿的采珠人缺乏技术之故：据说在红海那边的采珠人是从蚌壳中把还带着生气的珍珠撕出来，而不列颠人只是拾取已被吐弃在海岸上的珍珠而已。我觉得，这也不必责备我们贪心太切，因为，归咎于珍珠本质不佳，岂不更为心安理得一些？

13　只要我们对于不列颠人不加以凌虐，他们是甘心情愿承担起征兵、课税以及帝国所征取于他们的其他义务的。如果一旦施以凌虐，他们便不能忍受；因为他们虽已臣服于我们，但并没有沦为我们的奴隶。已故的尤利乌斯(Julius)[34]是罗马人中最先率领军队进入不列颠的：他虽然以一战之威慑服了当地的居民而占据了沿海之地，但必须知道：他并没有把这个岛遗交给后人，而只是替后人开辟了先路而已。不久以后，罗马发生了内战，当政诸公都纷纷兴兵向内，而不列颠遂久被忽略。后来战祸虽息，国家也就不再以不列颠为务。先帝奥古斯都认为这是“政策”，而狄白利乌（Tiberius）则认为要“谨守遗规”。

凯乌斯·恺撒曾经策划进攻不列颠，这是众所熟知的事。但他的心性无常，意旨随出随变，而且他对日耳曼尼亚大举进攻的计划已经失败了[35]。先帝克劳底乌（Claudius）是最先重新经略不列颠的一个人。他派遣了一些官军和辅军来到此岛，并任命魏斯巴兴主持军务，魏斯巴兴之进身从此始。在这一次战役中，征服了一些部落，并俘获了一些国王，魏斯巴兴便由此一帆风顺了。

由执政官出任不列颠总督者，第一人为奥鲁斯·普劳提乌斯 14
（Aulus Plautius）[36]，继任者为鄂斯托累乌·斯卡普拉（Ostorius Scapula）[37]。这两人都是出色的军人。离我们最近的不列颠地区就逐渐一步一步地被征服，而这些地方也就变成了一个行省，同时还建立了一个屯驻退伍兵员的殖民城。我们把某些国家委托给国王柯基杜姆努斯（Cogidumnus）来管理，他一直到现在仍然矢忠如一。利用他们的国王作为我们统治的工具，这乃是罗马人自古相承的办法。此后不久，狄底乌·加鲁斯（Didius Gallus）在巩固了前人所已征服之地区以后，又向外稍为占领了几个新据点，因此而获得增扬国威的名声。继狄底乌之任者为魏拉尼乌斯（Veranius），他在就任的那年就死去了。在他以后，随多尼乌·鲍利努斯继任了两年，颇有成绩，他征服了一些部落，并加强了我军屯驻的坞壁。他狃于这些成功，而希图进取莫那岛（Mona）[38]，莫那岛是一个供应叛逆的巢穴；但是，他向莫那岛进兵，却使自己的背后

空虚受敌了。

15　因为总督已经移师他往，不列颠人的恐惧心得以稍减，于是他们彼此之间开始交谈着自己遭受奴役的苦难，他们互相比较着自己所受到的凌虐，在谈论之中更不免过激其词。他们说道[39]："我们低首下心，而所得到的是加之于我们的更严酷的勒索，好像我们成了甘心情愿屈服的人了。曾经有一个时候，统治着我们的是一个国王，而现在我们的头上却来了两个国王：一个屠杀我们生命的总督，一个劫夺我们财产的财务使。他们彼此倾轧也好，他们志同道合也好，对于受他们统治的臣民说来都是同样的遭殃。这个手下的骄兵悍将，那个手下的恶仆狠奴，都一齐向我们施行凶暴和凌辱。什么都逃不过他们的贪婪；谁都逃不过他们的淫欲。在战争中，那些身强力壮的人肆行劫杀；而现在呢，在我们家里抢劫的、掳走我们子女的、强迫我们去当兵的，却大多是一些不中用的懦夫，好像除了不许我们为保卫自己乡土而牺牲以外，其他什么事情我们都该死似的。但是，只要我们不列颠人算计一下我们自己的人数，我们就可以看出，那些渡海过来的罗马兵士只算是微乎其微的几个人。日耳曼人和罗马人只有一河之隔，并没有海洋的天险，但他们已经奋起而摆脱枷锁了。我们为我们的乡土、为我们的妻子、为我们的双亲而战；而罗马人呢，他们只是为了贪婪、为了放肆。只要我们一鼓起我们祖先们那样的勇气，罗马人一定就会逃跑，像死去的尤利乌斯一样地逃跑。我们不要因为一两场战斗失利就感到惊惶失措。悲惨的命运会使我们具有更强烈的怒火和更坚决的毅力。何况，所有的神灵现在都正在怜佑着我们，他们已经把罗马的将军引到了别处，把罗马的军队领到离我们很远的另外一个岛

上去了。我们已经踏上了最艰难的一步,我们已经周密地策划好了。而在这样的图谋中,大胆尝试固然有危险,但一旦机密泄露,危险就更大了。”

他们在交谈诸如此类的话时彼此激励鼓动,于是在一个出身 16
王家的妇人鲍蒂赤雅(Boudicea)[40]的领导下(他们在王位上是不分男女的)全体武装起来。他们袭击分散屯戍在各处的罗马驻军,攻陷了许多坞壁,然后进攻殖民城,他们把这里视为暴虐统治的中心。在他们愤恨和胜利的时候,他们施展出野蛮人各种各样的残忍行为。如果不是鲍利努斯在听到省内发生变乱时立刻赶回来援救的话,整个不列颠就会失去了。鲍利努斯凭一战之胜使不列颠人仍然归服如昔;只有一些人因感到犯叛逆罪而内怀不安,并且特别畏惧总督,所以还抗拒未降。鲍利努斯虽然在别的方面表现得都很杰出,但他对于归降的人的手段过于残暴,他残酷地处罚他们,好像报私仇一样。因此,罗马改派白特洛尼乌·杜尔比里亚努斯(Petronius Turpilianus)来接任总督,因为他比较宽厚。他又是新接手办理敌人叛逆案的人,所以在处理那些悔过自新者的时候自然缓和一些。他平定了旧乱以后,没有施行什么新政,就由特瑞白利乌·马克西姆(Trebellius Maximus)接任了。特瑞白利乌比较懒惰,他从不兴师出征,而以宽和平顺的管理来统治不列颠。在他这个时候,甚至蛮族也染上了耽于逸乐的习气;内战的爆发,正给这位总督的无所作为造成了一个合理的借口。但是,那些久于行伍的戍军由于沉溺于游惰的习气而逐渐骄横起来,终于引起了一场兵变。特瑞白利乌逃到别处躲匿起来,始免于兵士们的凶行;后来,他卑躬屈节、忍气吞声才恢复他那随时摇摇欲坠的权位。好

像存在着这样一种默契：督帅放纵兵士，任其自由；而兵士们也就保全督帅的生命，不予伤害：因此这场兵变没有引起流血。后来魏提乌·波拉努斯继任总督，当时内战仍在继续，他也不曾重新整顿不列颠，使之恢复法纪。他和特瑞白利乌一样，对敌人既没有兴师出征，对士兵也仍然任其放纵作乱。不过，波拉努斯是一个正直的人，他没有什么行为会招人憎恶，所以他虽无统驭之才，却还能得到属下的爱戴。

17　但当魏斯巴兴统一天下之后，不列颠自然也帖然就范，在精兵良将的面前，敌人的希望冰消瓦解了。白提里乌·车累亚利斯之进攻不列甘特斯人（Brigantes）[41]的国家，立刻就使敌人大为惊动，因为据说该部人丁之繁盛为全省之冠。他这次出兵，经历了不少的战役，其中也有些激烈的战斗；由于他的雄略，或者至少说是由于他的战绩，征服了不列甘特斯人大部分的领域。他差不多使继任者的功绩和声望都暗淡无光了。但尤利乌斯·福隆提努斯（Julius Frontinus）却能与他前后辉映；福隆提努斯在当时说来也已经算是一个十足的豪杰之士了，他曾以武力征服了力量雄厚而勇猛善战的西鲁瑞斯人。他不仅制服了敌人的勇武，而且还克服了敌境的自然障碍。

18　当阿古利可拉于仲夏之月[42]渡海来到不列颠时，该省的情况和战局的变化就如上面所述的那样。当时，罗马士兵都以为一切战事可能都会告一结束了，并以此为借口而不再以敌人为意；但敌人却在乘机伺隙。就在阿古利可拉到达不列颠以前不久，鄂多末色斯部（Ordovices）[43]曾把驻扎在他们境内的一个骑兵队歼灭得几乎一人不留。这一个祸端激动了全省，那些盼望着打仗的人都有心为这场事变喝彩，但他们焦急地观望着新总督的性情。而阿古利可拉莅任的时候，尽管夏季已经过去了，尽管调出的军队都分散在各地，尽管军士们深信本年度不会再打仗的这种气氛不利于兴师动众，尽管大多数幕僚们都主张以保守据点为宜：阿古利可拉还是毅然决定应付这个危局。他聚集了一支官军和一小部分辅军，乘着鄂多未色斯人还不敢下山的时候，率领着军队向山地进发，他身先士卒，以激起其他将士们效法他的勇敢精神来对抗这一共同的大敌。鄂多未色斯人几乎全部被剿灭了。阿古利可拉深知在一战成功以后必须继续进兵以保持军威，并凭借头一阵的胜利使敌人望风生畏，因此，他筹划向莫那岛进兵之事。前面已经提过，鲍利努斯曾经占领过该岛，后来因为全不列颠发生叛变而回师了。但由于他的计划尚未成熟，所以他没有兵船。然而，主将的足智多谋和坚决终于把军队渡过去了。他从辅军中挑选一些本地的兵士，让他们卸下行装，泅水渡海到岛上去，这些不列颠兵士都熟悉当地的渡口，并且擅长于游泳，他们在泅水的时候，不仅自己运动自如，同时还能照料他们的兵器和马匹。敌人正在瞭望着海上的兵船，猛地受到这样出其不意的袭击，无不骇然，他们自料像这样的军队必定是攻无不克、战无不胜的，因此只好献岛归降。阿古利可拉从此威名大振。别人初到任时，都把时间消耗在一些空排场和应酬仪节上，但他却着手于艰难而危险的工作。可是他现在并不因为立下功勋而自骄，也不认为镇服了一个藩属就算是打了胜仗。他甚至不曾在他的捷报上夸耀自己的功绩。然而，他之想隐讳自己的声名，反而使他的声名更盛，因为人们从他对自己立这样大功而能缄默不言的这一点，就可以看出他的抱负和前程是不

可限量的。

19　阿古利可拉洞悉省中的民情；同时，他从前人的经验中得到教训，知道在武力镇服以后如果继之以暴政，那么就会前功尽弃。因此，他下定决心要斩断战乱的根源。他从本身和自己的僚属着手，首先治理家政，而齐家之难殊不在统治一省之下。他从不通过免奴(libertus)[44]或奴隶来传达公事。在选拔将吏的时候，他不从私人感情出发，也不为亲友们的私人推荐或恳求所动：他唯才是任。他洞察纤末，但并不事必躬亲。他宽恕轻微的过失，而严厉地处分重大的错误。与其对犯罪的人施以刑罚，他倒情愿看到罪人悔过自新。他宁愿把权力和职务交给不致犯错失的人，而不愿意等他们既已犯错失之后才来处罚他们。他以平均负担的办法来减轻人民的贡赋，而同时废除一切巧取豪夺的虞诈手段，因为那些手段往往比赋税本身更为苛重。以前，该地的居民要去守候在谷食旁边购买谷物，但那谷仓却是严封不动的，谷物的买卖也是买空卖空的，而谷价倒抬高到不能想象的程度，可是他们必须忍受这种滑稽的做法。因为当时规定交纳租赋的地点非常遥远，道路又崎岖不平，以致就是离冬营很近的部落也不得不把谷物运到偏僻的地方去；为了使每个人都很方便，才有上面的办法，而那个办法却又变成少数人渔利的手段了[45]。

20　由于前任总督们的疏忽或残暴，使太平日子也和战时同样的可怕。阿古利可拉在到任的头一年，就立刻废除了上面所说的那些苛政，人民才能真正享受太平之福。当夏天来到的时候[46]，他调集了兵马，亲临行阵，褒奖军纪严明的部队，而严格地约束那些涣散游惰的士兵。他亲自选择安营扎寨的处所，亲自巡视各个河口和森林。他经常出兵突然袭击敌人，使敌境荒芜，并使敌人疲于奔命；当敌人饱受惊惶的时候，他很宽和地诱谕他们，启以求和之路。因此，有许多直到此时仍未归附罗马的国家现在都纳质归降而不再与罗马为敌了。阿古利可拉规划精密地在这些国家之间建立许多坞壁以屯驻兵马，以往，新获得的不列颠地区从来没有像这样不受攻击而就归服了罗马[47]。

在第二年的冬季里，实施了一些善后的措施。为了使一群分 21
散的、野蛮而好战的居民能够由于舒适而安于平静的生活，阿古利可拉对于修盖庙宇、公共场所和住宅都予以私人的鼓励和公家的协助。他奖励那些勤勤勉勉的，饬斥那些游手好闲的：因此，居民不再是被迫服役，而是以自动的竞争来响应他的鼓励了。他使酋长的儿子们都接受通达的教育。他不喜欢高卢人的勤勉，而对不列颠人的聪慧表示特别的嘉许，因此，这些从来不接受拉丁语的居民现在居然学习罗马人滔滔不绝的辞令来了。并且，他们也以穿着罗马人的衣裳为荣，穿拖袈(toga)之风大为流行。他们逐渐为一些使人堕落的器物设备如花厅(porticus)[48]、浴池和风雅的宴会等所迷惑。所有这些正是他们被奴役的一种方式，而他们却愚笨得把这些东西称为“文化”。

到了他出师以来的第三年[49]，又开始进攻新的土著部落，直 22
到塔淖斯(Tanaus)[50](河口名)为止，军锋所及，遍地成墟。这一次攻击使敌人甚为惊惧，以致当我军受到暴风侵袭的时候，他们也不敢来袭击；还让我军能利用时间来修筑坞壁。久经故阵的将士提到，没有一位将军能比阿古利可拉更善于选择适宜的地势；阿古利可拉所修建的坞壁没有一个曾被敌人攻陷过，也没有一个因为

败北或逃亡而被放弃过。这些坞壁中都有一年的储积，因此可以对付长期被围的局面。到了冬季，边境无警报之虞，每一坞的戍军都能够自保，而且还可以出兵袭击敌人。那些受挫折的、被困的敌人每每惯于从冬天的胜利中补偿夏天的损失，而现在他们发现无论在冬天或在夏天，他们都同样地被击败了。

阿古利可拉从来不贪婪地把旁人之功攘为己有；他的将士和吏属凡有所施为，无一不受到他公正的裁察。有些人说他在谴责人时过于严厉，说他对待好人固然很和蔼，而对待坏人也就相当严峻。但是，他从不因怒而怀恨，他的冷淡和缄默并不可怕。他认为与其心藏愤恨，倒不如怒形于色了。

23 在第四个夏季中[51]，他巩固了已经征服的地方。如果依仗我们军队的勇敢和罗马的声威，我们可以把整个不列颠括入国境之内。在两岸都被海水深深切入陆地的两个海口克洛塔(Clota)和波多特里亚(Bodotria)[52]之间，仅为一条很狭的地峡，阿古利可拉筑了一列坞壁来防守此处，而现在在这条防线以南的全部地方都已经被征服了，所以敌人便仿佛被赶到了另一个岛上似的。

24 在出兵的第五年，阿古利可拉亲自乘第一只兵船领兵渡过克洛塔海口[53]，于屡战屡捷之后，征服了一些前所未知的部落。他派一支军队驻扎在不列颠面临爱尔兰的一带地方，其目的倒不在于防御而在于乘机进取：因为爱尔兰位于不列颠与西班牙之间，对于环绕着高卢的那片海面来说，其位置甚为有利，它可以作为帝国中各个强有力的部分彼此联系的桥梁，因而造成互为声援之势。爱尔兰比不列颠要小一些，但比我们内海[54]中的一切岛屿都要大。其土壤、气候、民情风俗大致都与不列颠相似。我们因为通商往来的缘故，对于该岛的港口和通道大多熟悉。在这个岛上，有一个小国的国王因为发生内乱而被赶了出来；阿古利可拉收留了他，表面上是款待他，而实际上是把他扣留住了，为了将来有利用他的地方。阿古利可拉常向我提起：只要一个官军军团和很少一部分辅军就可以征服爱尔兰而占有之，占有爱尔兰对于不列颠是有利的，因为这样一来，四方八面所见到的都是罗马的军队，不列颠人大概也就不会再有获得自由的希望了。

在阿古利可拉到任的第六年的夏天[55]，他把经略范围扩展到 25
波多特里亚以外的地区：但是，他恐怕边远地方的部落会发生大的骚乱，同时还怕他在进军时受到阻挠，因此便派遣一队兵船沿着海岸搜索，这是他第一次将这队兵船编入大军之列，以后，这队兵船便随同他一直向前进发了。像这样水陆诸军一时并进，军容是非常雄壮动人的；而这些步军、马军和水军杂处在一营之内，便不免常常交谈起各自的功绩和惊险的事迹，他们彼此骄傲地夸比着：这方面谈的是深林高山，那方面谈的是怒海惊涛；这些人说的是在陆上的追奔逐北，那些人说的是在海上的乘风破浪。

我们从俘虏口中得知，不列颠人当看到我军兵船的时候，无不惊骇，仿佛他们腹地的海洋已经被我军长驱直入，而他们最后的逃生之路已经断绝了似的。因此，喀利多尼亚的部落立刻武装起来，他们准备的军力很雄厚；而对于陌生的敌人，谣传往往更夸大他们的声势。他们突然向我军的坞壁进攻，他们的挑战使我军为之惊动。那些外表上装成足智多谋而实际上胆小如鼠的幕僚们都向阿古利可拉进策，他们以为与其被敌人赶走还不如自动撤退到波多特里亚以南为妙。这时，阿古利可拉听说敌军分成几路进攻，他因敌军人多势盛，又熟悉地理，恐怕自己被敌军包围，于是下令把军队分作三路迎敌。

26　敌人听到了我军分兵的消息，立刻改变计划，集中全军之力，于夜间袭击我军力量最弱的第九军团。他们砍倒那些睡意蒙眬或惊惶失措的哨兵，杀进寨来。两军便在寨里交战，而这时阿古利可拉已经从探子口中知道敌人进兵的消息，他跟随敌人的踪迹赶来，命令马、步军中的健卒，从敌军背后抄袭，全军沿阵呐喊助威。比及天色渐晓，在晨曦中飘闪出阿古利可拉的军旗：不列颠人发觉自己腹背受敌，不胜惊惶；而罗马军队精神倍长，他们不再以安全为虑，奋勇突杀，在寨门的狭道里展开激斗，终于把敌军杀得纷纷溃窜。外面的罗马军猛烈扑击以表明自己在光荣地援救友军，里面的罗马军奋力冲突以表示自己并不需要援助。那些逃窜的敌人如果不是依靠沼泽和森林掩蔽了他们的话，也许这一场胜仗就可以结束战事了。

27　当我军获悉这次胜利，并为他们的光荣所激励的时候，他们高呼：他们是所向无敌的；他们一定要攻进喀利多尼亚的腹地；而最后在屡战屡捷之后，他们要发现不列颠最遥远的边缘。那些方才还自命为谨慎多谋的人们，现在却变得得意忘形而自吹自擂起来了。每当胜利的时候，人人都把功绩归于自己；每当失败的时候，都归罪于一人：这也是战争中最不公平的特点。但是，不列颠人认为他们之战败并非由于我军的勇敢而是由于我军统帅的调度及时，所以他们丝毫没有自馁，他们把年轻人都武装起来，把妻室儿女迁到安全的地方去，他们聚集了各个部落，宰杀牺牲，歃血为盟。在这种情形下，敌我双方的斗志方兴未艾。

就在这一年的夏天里，有一支从日耳曼尼亚征集而送到不列 28
颠来的乌昔鄙夷人(Usipii)[56]的军队，闯下了一件值得提到的大祸。他们杀死了一个百夫长(centurion)和一些为了传授军纪而被编制到他们军中充任教练的兵士，然后坐上三只轻帆船，强迫舵手引路。其中有两只船上的舵手因受嫌疑而被杀，他们就在一个舵手的引导下，乘着他们叛变的消息尚未传出的时候，以奇妙的方式驶过海岸而他往。不久以后，他们为了找寻饮水和生活必需品而上岸与一些看守自己财物的不列颠人冲突起来。他们有时能掳掠一些东西，有时被不列颠人击败，最后穷困得自己彼此相食，起先是吃那些体力较弱的，后来就由抽签来决定谁该被吃。他们就这样航行，绕过了不列颠，后来因为他们不懂得操纵船只而弃船上岸，他们被当作了海盗而先后为斯维比人(Suebi)和弗累昔夷人(Frisii)[57]所捕获。其中有些人被卖为奴隶，后来又转卖到莱茵河南岸罗马帝国境内，这些奴隶因为泄露了他们所曾经经历过的这一段冒险生涯而为人所唾骂。

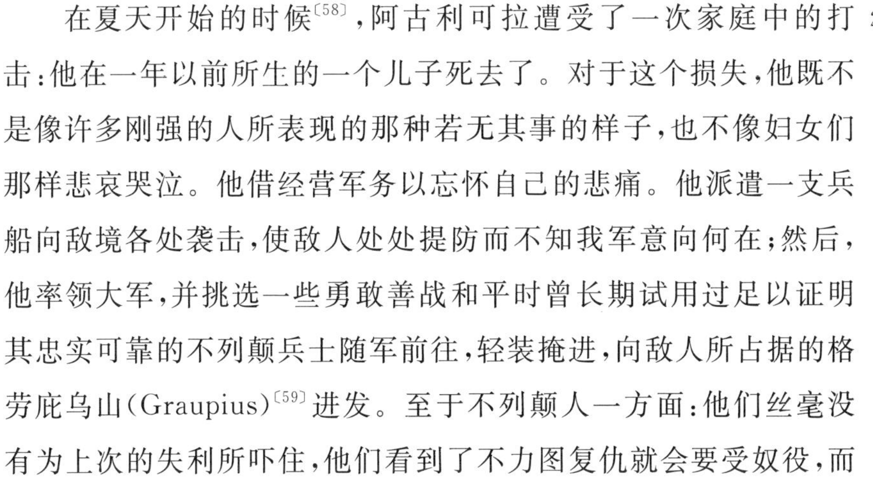

在夏天开始的时候[58]，阿古利可拉遭受了一次家庭中的打 29
击：他在一年以前所生的一个儿子死去了。对于这个损失，他既不是像许多刚强的人所表现的那种若无其事的样子，也不像妇女们那样悲哀哭泣。他借经营军务以忘怀自己的悲痛。他派遣一支兵船向敌境各处袭击，使敌人处处提防而不知我军意向何在；然后，他率领大军，并挑选一些勇敢善战和平时曾长期试用过足以证明其忠实可靠的不列颠兵士随军前往，轻装掩进，向敌人所占据的格劳庇乌山(Graupius)[59]进发。至于不列颠人一方面：他们丝毫没有为上次的失利所吓住，他们看到了不力图复仇就会要受奴役，而

且终于明白了必须团结一致才能抵御共同的危难，所以他们各部之间彼此互派使节，订立盟约，把全族的兵力集中起来应战。这时候，带甲枕戈之士已经有三万多人，而国内的少年人和一些老而益壮的人们还源源不断而来，在战争中立过功勋的战士都佩戴着自己的奖章。据说，这个时候，在他们所有的酋帅之中，有一个最勇敢而出身最高贵的酋帅，名叫卡尔加库士（Calgacus），他向四面云集准备赴战的大军作了下面的演说：

30 “当我一想起这次战争的起因和我们目前处境的窘迫的时候，我的心就激动得厉害，因为我相信：整个不列颠获得自由的开端就在今天，就在我们这个同盟。我们全都是还没有被奴役过的人；但现在，我们的后面已经再没有退路了，罗马的兵船已经威胁着我们，海洋也不能再保障我们的安全了。因此，战争、诉诸武力，不仅是勇敢的人建功立名的时机，也是贪生怕死的人的唯一生路。以往抵抗罗马人的那些或胜或败的战役，还在我们身上留下了最后一线得救的希望；因为我们是全不列颠威名最著的一族，因为我们住在不列颠的腹地，因为我们见不到那些被征服者的海岸，所以，连我们的眼睛都还不曾受过奴役的毒疫的污染。对于我们这些居住在天地尽头、居住在最后一小块自由的土地上人们而言，这个保持着不列颠光荣的人世仙境，直到今天以前一直是我们的一个保障。而人们对于自己所不知道的事物总觉得是有些神妙莫测的。但是，现在不列颠的边涯已经暴露无遗了。我们以外不再有别的部落了，除了波涛，除了岩壁，就只有那比波涛、岩壁更为可怕的罗马人，就只有那即使你卑躬屈节也逃不了他们的压迫的罗马人了。那些蹂躏世界的强盗！陆地已经被他们糟踏得干干净净，他们现在又要到海上来抢劫了。如果他们的敌人是富足的，那他们就贪得无厌地掠夺敌人的财物；如果他们的敌人是贫穷的，那他们就千方百计地把敌人置于他们的魔爪之下；东方也好，西方也好，哪儿都不能使他们感到餍足。全人类中也只有他们才对于无论穷富的人都怀着同样迫切的贪心。去抢、去杀、去偷，他们竟把这些叫做帝国；他们造成一片荒凉，他们却称之为天下太平。

“儿女和亲人，天生就是每一个人最亲爱的人；但现在却要把 31
我们的儿女和亲人从我们身边调走，送到别处去当奴隶。我们的妻子和姊妹，纵然能避免敌军的强奸，也会在亲善和好客的名义下遭受玷辱。我们的财物被他们当贡税收走，我们的收成变成了他们的储积。就是我们自己的肢体，也只有在侮骂和鞭打之下去做清除森林池沼那些不胜其疲劳的苦工。生下来就是奴隶的奴隶也只被出卖一次，而且，他们还是由他们的主人养大的；但是，不列颠却日复一日地养大和出卖着自己的人去给别人做奴隶。我们看到，在一个家庭里，新来的奴隶常常是老伙伴的嘲笑对象；同样地，在这一个早就受奴役的世界中，我们正是新来的奴隶，正是最不值钱的人，所以我们是注定了要任凭宰割的。如果我们这儿有肥沃的原野、有矿山、有海港，那么，或者还可以让我们上那些地方去做工而保留我们的残生，但我们什么也没有。我们的勇敢，我们坚强不屈的精神，已经是主子们看不顺眼的东西；何况那曾经保障我们安全的遥远和隐僻，更会使他们放心不下。由于这一切，你们绝不可能有求得宽赦的希望，不论你们看重的是安全，还是光荣，总之，除了鼓起勇气以外，没有别的更好的道路可走了。不列甘特斯人在一个女人的领导下尚且能烧掉一个殖民城和攻陷一个营地，要

不是他们在胜利以后疏忽怠慢的话，他们早就摆脱枷锁了。现在，瞧我们的吧，瞧我们这些坚强不屈、从来没有丧失过自由的人们吧！要让他们在第一次会战中就来领教领教，在喀利多尼亚还有什么样的英雄好汉！

32 “你们以为罗马人作战的勇敢也会和他们平时的淫荡一样厉害吗？要知道，只是由于我们的内讧，才造成了他们的威名；只是由于他们对手的错误，才造成了他们军队的光荣；他们的军队都是由四方八面各个种族的人拼凑起来的，只有胜利，他们才能团聚在一起；一打败仗，他们便会土崩瓦解。那些高卢人、那些日耳曼人，（说来很惭愧）还有那些不列颠人，虽然他们拿自己的血肉来替异族统治者作战，可是，他们以前与罗马人敌对的时间，远较他们现在受罗马人奴役的时间为长久，能认为他们都会忠心赤胆地归附罗马人吗？靠恐惧来联系感情是不稳固的，一旦恐惧消失以后，那些人就会开始仇恨了。一切鼓舞着胜利的力量都在我们这一方面。在罗马人那方面，没有妻子在鼓励他们前进，没有双亲在斥责他们败退。他们之中，有许多人没有家乡，即或有家乡，也不在此处。他们的人数是很少的，他们处在生疏的环境里是感到不安的，他们举目四望，所见到的苍天、碧海和深林都使他们有置身异地之感；诸神已经把他们像瓮中之鳖一样地送到了我们的手中。不要被他们那无用的漂亮的装饰，被那金的、银的闪光所吓倒，那些东西既不能保护谁，也不能伤害谁。就是在敌人自己的战线里，我们还可以找到我们的帮手。那些不列颠人会懂得他们应该替谁作战；那些高卢人会回想起他们往日的自由；那些日耳曼人会抛弃他们，像最近乌昔鄙夷人逃跑了一样。此外还有什么可怕的呢？他们的坞壁都已经空了，他们的殖民城只剩下了老弱残兵；在心怀不服的百姓和横加暴虐的统治者的城市里，只有仇视和异心。在这一面，你们有一位将军和一支军队；在那一面，有着贡税、矿山的苦工和种种受奴役的痛苦。你们究竟是打算长期忍受那苦难呢，还是想立刻向他们报仇呢？这就要在这个战场上来决定了。当你们投入战斗的时候，想一想你们的祖先和你们的后代子孙吧！”

他们听了这篇演说以后，人人都奋发激动起来，他们按照蛮族 33
的习惯唱着、叫着并呐喊着。接着他们便都聚拢来，闪动着兵器，最勇敢的人排列在最前面。在罗马军方面，当排列阵式的时候，阿古利可拉考虑到他的士兵们虽然斗志旺盛、跃跃欲试，但似乎还应当给以鼓励，因此，他向将士们说道：

“战友们！以你们的勇敢，以罗马国家之灵，以你们和我的忠诚与努力，你们在不列颠战无不胜，攻无不克，到现在屈指已是第七个年头了。在以前的一切战役和行军中，无论是在冲锋陷阵、杀敌致果方面，无论是在攀越险阻、刻苦耐劳方面：我对于我的士兵，你们对于你们的统帅，都没有什么感到遗憾的地方。所以，我们说来都已经胜过了我们的前人：你们胜过了以前的驻军，我也胜过了以前的总督：今天，我们已经掌握了不列颠最远的一隅之地，这不是什么谣传或虚声，我们现在真正用兵营和军队占据了这个地方。我们不仅发现了整个不列颠，而且征服了整个不列颠。每当行军的时候，每当登山涉水使你们走疲乏了的时候，我时常听到我们最勇敢的人在叹息：‘哪一天我们才会遇到敌人呢？哪一天才开仗呢？’敌人现在来了，他们现在已经无处藏身了，你们的愿望、你们的勇敢，再没有什么障碍了。一切都有利于我们的胜利；但如果失败了的话，遍地都是荆棘。我们已经走过了这么多的森林，渡过了这么多的渡口，我们再向前挺进，就可以立下不世之功；但如果一旦后退，现在已经克服了的这些险阻艰难都会成为我们最大的危关。我们对地理的熟悉不如敌人，我们的供应不如敌人，我们只有双手和刀剑，依靠它们，我们就有一切。就我自己而言，我早就相信：退却对军队和统帅都是危险的。不仅光荣的牺牲胜过含羞苟活，而且，对我们说来，生存和光荣是分不开的。退一步说，即使我们死了，死在这天涯地角之处，我们也足以自豪了。

34 "如果你们阵前面对着的是一些陌生的部落和从来未交过战的敌人，那么，我还需要用别的军队的例子来鼓舞你们。但现在呢，你们只需要回想一下你们自己以前的光辉战绩，只需要问一问你们自己的眼睛就够了。他们就是去年乘着黑夜里向我们一支孤军进袭的那些敌人，你们曾经用一阵呐喊就把他们赶跑了。毫无疑问，这些人是不列颠人中最不中用的逃兵，正因为这样，他们才活到今天。正好像猎人追进了森林一样，所有最凶猛的野兽都向他扑来，而最懦弱的动物早就闻声四散了；同样地，最勇敢的不列颠人早就倒下去了，剩下的只是一群卑怯无用的懦夫。你们之所以到最后才遇见他们，并不是因为他们能守住他们的乡土，而只是因为他们已经被我们追得走投无路了。他们那不得不作背城一战的困境和他们那战战兢兢极端畏惧的心理，使他们把战线集中，死守在这里。你们可以在这里立下光辉灿烂的功勋。结束一切战役；以光荣的一日圆满结束五十年的辛劳；向祖国证实：拖延战争和引起叛变的责任的确不在于军队的过错！"

35 阿古利可拉的话还没有说完，兵士们的情绪已经非常激动，当他说完的时候，全军报之以热烈无比的欢呼，他们在一刹那间都拿起兵器来准备战斗。阿古利可拉是这样部署他那情绪激昂、锐不可当的军队的：他以辅军步兵八千加强中军，马军三千形成两翼。官军则在营堑前列成长阵；这样一来，如果不用罗马人流血就可以战胜的话，这场胜利更为光荣；如果辅军被敌军击败的话，官军也可以上前增援。当时敌军屯在高地以示居高临下之势；前锋在平地上列阵，而其余的军队在山坡上由上而下形成一个弧形。两阵之前的平地上，车骑往来奔突，充满着一片嘈杂的声浪。阿古利可拉看见敌众我寡，恐怕我军前锋和两翼同时受敌，于是命令前军展开两翼迎战：虽然阵式似乎拉得太长，虽然有一些军官劝他把官军调上来，但他意气弥厉，神志自若，不以为意；并且亲自下马，把坐骑送走，自己徒步站在军旗之下。

战争开始时是远距离交战。不列颠人很镇定、很熟练地使用 36
着他们的长剑和小盾，他们一面设法回避或挡住我军所射出的箭石，一面向我军投掷一阵密集的标枪。阿古利可拉见两军相持不下，于是催促两个巴塔威人（Batavi）和佟古累人（Tungri）[60]的步兵团[61]冲上前去短兵交战，以决胜负。我军这些久经战阵的士兵对于短兵交战是很熟练的；但敌军披着轻甲而使用笨重的兵器，所以感到窘迫不便。不列颠人的剑是不锋利的，因此他们不宜于和敌军短兵相接，也不宜于在广场上作战。巴塔威人逼近敌军以后，用盾牌猛击敌人，打伤他们的头面，将平地上的敌军击退而把阵线向山上推进。这时候，其他辅军步兵立刻一拥而上，争先恐后地砍杀自己附近的敌人。大军迅速向前追击，匆忙中留下了许多半死半活甚至全未受伤的敌人。敌人的车兵这时已经溃退，而马兵夹

杂到步兵中来交战[62]。虽然起先他们使我军略感惊惶，但他们很快就被我军坚密的行阵和崎岖不平的地势所阻住。这场战争中简直看不出是骑兵的交战，因为人马都随着混乱而转动；许多战车无人驾御，许多马匹无人骑坐，惊惶狼狈地四处乱窜，甚至劈面撞进阵来。

37　许多不列颠人原先还没有参加战斗，他们占据在山头上，因为看见我军人数不多，毫不以为意，直到这时候，才开始逐渐冲下山来，向乘胜逐北的我军后面包抄。阿古利可拉早就恐怕我军遭受包围，所以预先留下四个骑兵队以应战场上的急需，这时就命令他们抵挡敌军的前进。敌人被击败得四散逃跑的狼狈程度和他们进攻时的凶狂程度相当。这样一来，敌人原来的战略不但成了画饼，并且反而使自己遭受损害；这些罗马骑兵队奉了阿古利可拉之命从战场正面绕道包抄敌军之后。在这空旷的平地上，开始出现了惊怖可怕的景象。我军在奋勇追逐，杀伤和擒获了不少的敌人，但在遇到旁的逃亡敌人时又只好把已经俘获的敌人杀死。这时候，敌军之中由于各人性情气质不同，有些部队手执武器在一小撮追逐者之前全军溃逃，而另一些敌人赤手空拳却还冲到阵前来送死。到处都是兵器、尸身和斩断的肢体，血流盈野，腥臭不堪。敌人虽然在溃败之中，但也不免时时感到愤怒和激起勇气。当他们到达树林中时，又重新聚集起来；由于他们对地形熟悉，他们可以包围住那些跑在最前面和最疏忽大意的追逐者。幸而阿古利可拉照顾周全，他指派一支作战力强的轻装步兵和一些下马步行的骑兵去搜索林木阴密之处，而另派一队骑兵去搜索林木较疏的地方，要不是这样的话，我军的乘胜轻敌就会遭受严重的损失了。当敌人发

现我军重新在紧密的行列下追赶他们的时候，他们就不再像以前那样成群结伴的逃跑，而自顾自地四散奔窜了。他们逃到很远的、渺无人迹的荒野去觅求藏身之所。一方面因为天色已晚，一方面因为厌倦于流血，我军才没有继续向前追赶。这一仗杀死了敌军将近万人，我军死亡的有三百六十人，而步兵将领奥鲁斯·阿特利古斯(Aulus Atlicus)也在其内，他那年少英勇的气概和他坐下那匹纵横腾越的骏马使他直冲到敌人阵里去了。

胜利者因为打了胜仗和获得了战利品，欢天喜地度过了一个 38
愉快的夜晚。而在男女哭声嘈杂中迤逦而行的不列颠人却扶着伤员、呼应着没有受伤的人，离开了自己的家乡，甚至在愤怒中焚烧了自己的家园，去找寻那栖息片刻的藏身之处。他们一会儿聚集在一起商量，一会儿又各自分离。他们看到自己最亲爱的人时，不觉心肠放软，但也往往更容易引起心头的怒火。毫无疑问，他们之中有许多人都向自己的妻子和儿女发泄自己的忿气，仿佛这就是怜悯她们的命运。到了翌日，更清楚地显出了胜利的景象，四处都笼罩着一片死气沉沉的寂静：群山孤寂；远处的村舍冒着残烟；斥候们连一个人也没有见到。四方八面都派出了斥候；但确实发现敌人已经逃得无影无踪，也没有重整旗鼓的打算。当时夏天已经过完，也不可能再扩大战争了，于是阿古利可拉率大军转入波瑞斯狄人(Boresti)[63]之境，他接受了他们的纳质归降。随后他命令水军统领率领一支军队绕着不列颠航行[64]，兵锋所至，各地闻风慑服。阿古利可拉本人则率领马、步军缓缓行师，以他行军之特别缓慢来威镇那些新被征服的部落，最后全军进入冬营。这时，水军兵船已经沿着该岛整个南岸航行了一周，乘着顺风耀武扬威地回到

了特鲁库伦港(Trucculum)[65]。

39 虽然阿古利可拉在他的捷报中丝毫不曾用自骄的语气来夸大上述的这一连串的事实,但多米先还是一如惯例地面作喜色而心怀忐忑。他自己觉察出所有的人对他最近虚报的战胜日耳曼人的功劳都付之以嘲笑,因为在这场假功劳中,他实际上只是从一些商人手里买了许多在衣饰和头发上能够冒充俘虏样子的人而已。但是,现在这场真正的辉煌胜利却杀死了成千上万的敌人,受到了隆重的庆贺。一个臣下的名声超乎皇帝之上,这件事使多米先极为担心忧虑:如果别人在军功方面着了先鞭的话,那么他对于雄辩口才和对于公众才艺施以裁制也无济于事了。对于别的荣誉,他尽可以熟视无睹,但是一位名将的德望就是据登帝位之资。因此他感到忧愁烦恼,并暗怀忌恨之心,这正是他潜包祸谋的征兆。他决定最好等阿古利可拉的声望和军队对他的爱戴稍衰以后再表露自己的仇恨。

40 阿古利可拉这时仍然是不列颠总督,因此,皇帝命令元老院议定颁给他以胜利勋章,赐以加桂冠雕像的光荣及其他用以代替凯旋仪仗的物品,还加以许多褒扬的表示;但同时却附带暗示将调阿古利可拉迁任叙利亚总督之职:原任叙利亚总督、执政级的阿提里乌·茹夫斯(Atilius Rufus)死后,该职出缺,而这个职位是专留给有声望的人物的。许多人都相信有这样一回事:据说多米先曾派遣一个负有秘密使命的免奴将调任叙利亚总督的公文送给阿古利可拉,但皇帝对这个免奴的指令是:只有当阿古利可拉还在不列颠的时候,才将这个公文交给他;而这个免奴在渡过海峡的途中遇见了阿古利可拉,于是他甚至连致意的表示都没有就立刻回到多米

先那儿去了。这个传说可能是真实的，也可能是杜撰出来形容多米先的为人的。

就在这个时候，阿古利可拉将平安无事的不列颠行省移交给他的继任者[66]。为了避免在回到罗马时被许多人欢迎的热闹场面弄得引人注意，因此他在夜间进城，这样就躲过了朋友们的接待。他进宫谒见也在夜间，这是遵照指示的；多米先仅仅匆匆地吻抱了他一下，一句话也没有说，而阿古利可拉也就立刻混杂在一群阿谀谄媚的人们中间去了。立下军功的声望是会使尸位素餐之徒侧目而视的，阿古利可拉为了想用别的长处来冲淡自己在这方面的声望，他尽力使自己安于优游、恬静的生活，衣冠朴素，谈吐和蔼，除了一二朋友以外不与他人交游往来。世俗之士，大多以貌取人，以仪表之壮丽来断定人物的伟大，因此，他们在仔细端详阿古利可拉以后，看不出他有何等异于常人之处；只有极少数的人才能别具慧眼。

在这段时期中，经常有人暗地在多米先面前谗害他，而多米先 41
也往往暗地饶过了他。他处境之所以险恶，并非因为他犯了什么罪，也不是有什么受他侵害的人控诉他；而是因为有一位嫉贤如仇的皇帝，而是因为他的威望显赫，而是因为有一些使他受祸最深的敌人，那就是颂扬他的人们。此后不久便是国家多难之秋，所以阿古利可拉仍然使公众不能忘怀。在这个时候，我们一些将军们要不是急功冒进，就是逡巡退缩，因此，在美细亚（Moesia）、在达契亚（Dacia）、在日耳曼尼亚[67]和潘诺尼亚（Pannonia），我们都损失了不少的军队，许多将军和士卒都被敌人围攻、俘获。这时候，敌人所威胁的不只是帝国的边境和河岸，而是官军的冬营和国境之内

的本土。这时候，祸事重重，接连不断，在整年之内，充满着杀伤和劫毁的事件。因此，舆论都要求派阿古利可拉任统帅之职；人们把他那坚定的意志、充沛的精力以及作战的经验拿来和旁人的荒惰迟缓、胆小怯懦作对比。当然，这些议论都传到了多米先的耳中，而皇帝手下那些免奴中最好的人向他所进的忠言款曲，和最坏的人所进的谗言诽谤，都激起了这位天性险毒的皇帝的怒火。于是，一方面由于阿古利可拉本人才德过人，一方面由于旁人的错误，他立刻就被推上了光荣的悬崖。

42 用抽签方式来决定他出任阿非利加行省或亚细亚行省总督的一年来到了。不久以前，齐维卡（Civica）被害身死，这足可以为阿古利可拉前车之鉴而多米先也无需再向他另行警告了。有些领悟到皇帝意旨的人们前来找阿古利可拉，仿佛只是为了自己打听信息似地问他是否愿意出任总督。他们起初赞美退休闲居的乐趣以暗示他；接着，他们又表示愿意替他效劳，使他能够辞谢官职；最后，他们放下脸来以恐吓和恳求并用的方式把他带到了多米先面前。皇帝预先准备好一副伪善的样子，摆出高傲的架子，听取阿古利可拉自请谢职的要求；然后才批准了他的要求，还接受了他的感谢；多米先虽然玩了这样一套装模作样的把戏，但他却毫无羞愧之色。一般对执政级的总督所赐给的俸禄，多米先曾经赐给过别的总督，但现在却不给阿古利可拉：也许是由于阿古利可拉没有向他申请而冒犯了他；也许是由于他心中惭愧，因为这样一来，他之命令阿古利可拉自请退职仿佛是用钱贿买得来的了。仇恨自己所伤害过的人，这是人类的天性。不过，多米先虽然生性暴戾、心肠狠毒，他终于为阿古利可拉的谦和、谨慎所感化。阿古利可拉从来不用骄矜自大或无谓的傲上态度来博取声名和招惹是非。有些人专门崇拜藐视权威的人物，但他们应该知道：就是在暴君之下，也有伟大的人物；而温顺服从如果能和奋发有为的精神结合在一起的话，也自可达到高贵的境地，但许多人却只会以一种毫无利于国家而徒然招取杀身之祸的匹夫之勇来沽名钓誉而已。

阿古利可拉之逝世，使我们感到无限悲伤，使他的朋友们感到 43
伤痛，无论知与不知，莫不怀悼。一般的民众和这些忙忙碌碌的人们不断地到他家中吊唁，并且在公众或私人的集会上谈论着他。没有一个人听到阿古利可拉的死讯以后感到庆幸，或者立刻忘怀。当时盛行一种流言，说他是被毒害死的，因此更增加了人们对他的哀思。但我本人对于这件事却没有任何根据可作判断。可以肯定的，是在他整个卧病的期间，皇帝的亲信免奴和侍医来看他的次数极为频繁，这对于一个通常只派使臣问候的内廷说来是破例的事。这可能是关切，也可能是伺察。当他临终的时候，接二连三的传信人把他临死时的每一声痛苦呻吟都报告给皇帝；没有人会相信：一个人对于使自己悲痛的消息竟会盼望得如此迫切。但皇帝在外表和举止上装出一些悲痛的样子。现在他可以不再仇恨了；而且，把他那快慰的心情掩饰起来，要比掩饰他的畏惧心理更容易得多。大家知道，在阿古利可拉的遗嘱中，宣布他的贤妻、孝女和皇帝同为他的继承人；皇帝对于这一点表示很高兴，好像这是褒颂他的一个肯定的表示。他的头脑不断地被阿谀谄媚的言语蒙蔽到这种地步，以致他甚至不能体会：只是暴君才会被一个慈父当作继承人的。

阿古利可拉生于凯乌斯·恺撒第三度任执政官之年[68]六月 44

十三日，死于科勒加(Collega)和普累斯古斯(Priscus)任执政官之年[69]八月二十三日，享寿五十有四。后世人会想知道他的风采吧！他的风采是儒雅胜于威猛的。从他的外表来看，丝毫没有令人凛然生畏的地方，完全是一副温文尔雅的样子。谁都很容易相信他是一位仁厚长者，而谁也都会很愿意相信他是一位伟大的人物。就他本人而论，虽然他在盛年即已与世长辞，但以他一生所享的功名荣耀而言，他所活的时间比起旁人要算是很长的了。那些存乎美德之中的真正幸福，他实在已经享尽无遗了。仕宦而至执政，用兵而奏殊功，人生至此，尚复何求。亿万财富，对他说来，毫不足以动心，而他所有的资财也足以和他的显耀相称。他死在他的妻子和女儿以前，当他死的时候，他的荣誉不曾遭受掩蔽，他的声名正如日中天，他的亲友都还很兴旺；他算是死得其时，因为他躲过了不久即将到来的灾难，这正是他的幸运。虽然他曾告诉过我，他预见到并且希望天假以年，使他能看到现在这个幸福时代的来临，能看到图拉真坐在帝位上；但是，他之先期而逝，也未尝不是一种善果，因为他躲过了后来的一些日子；在那些日子里，多米先绝无间断地、不容有喘息之机地把国家的元气斲丧殆尽了。

45　阿古利可拉不曾见到一群手执兵器的人围攻元老院，不曾见到杀死了我们这么多执政级的官员，不曾见到这么多的罗马贵妇人逃亡和被放逐于外。在他死以前，卡茹斯·梅提乌斯(Carus Metius)[70]还只逞狂过一次，美萨里努斯(Messalinus)[71]还只是在阿尔巴(Alba)[72]的墙内吵吵嚷嚷而已；马萨·拜彼乌斯(Massa Baebius)[73]还没有被释放。可是，他死以后不久：赫尔维底乌就被关进了监狱；毛利古(Mauricus)[74]和茹斯替古斯就被强迫隔离开来[75]；我们就蘸上了塞内契阿无辜的鲜血。尼罗虽说暴虐无道，但他对于自己所指令的酷行也还避而不睹；然而，居于多米先之朝，我们最难以忍受的一些痛苦就是要去看别人受罪和在自己受罪时让别人来看，就是我们心里知道我们的叹息声都会被人记录下来视为罪行，就是我们要去看着那么多惨无人色的面容，去看多米先那副残忍凶暴的样子和他那张唯恐不意之中流露愧色因而老是鼓得发红的面皮[76]。

阿古利可拉，您真是幸福的人，不仅因为您生尽其荣，而且还因为您死得其时。当您临终的时候，那些听到您的遗言的人们都告诉我们您那视死如归、从容瞑目的情景，您仿佛要尽力来宽恕您的君上。至于我和您的女儿，在丧失父亲的悲痛而外，更足以增我们之惨怛者，是我们为事务所牵，未能在您困于疾病的时候伺候在您的身旁，未能在您弥留之际安慰您的心灵，我们未能注视您、拥抱您，以填补我们心中的空虚。无疑地，我们会得到您的许多教训、许多遗言，我们会把这些遗训铭心刻骨，永志勿忘。早在四年以前，我们即已远离了您，当年一别，竟成永诀，这是我们悲痛之最深者。我们最高贵的父亲！当然，当您临终的时候，您最亲爱的妻子是在您的身旁的，她是会向您极尽爱抚之情的；然而，其他的亲人却没有在您的身旁洒泪告别，而在您最后的一瞥中，您一定会因为看不见您所盼望的人而感到惆怅。

如果正直的灵魂真有安栖之所；如果真像聪明人所相信的那 46
样，高贵的灵魂不与肉体同归消灭的话，那么，您就安静地休息吧！把我们、把您的亲人，从软弱的悲哀和儿女子般的哭泣中唤醒吧！让我们来深深地怀念您的美德！因为一想到您的美德，我们就不

会再捶胸顿足、痛哭流涕了。还是让我们以极度的虔诚和无限的感谢心情来尊敬您吧！而且，如果我们的能力允许的话，我们要用和您齐踪比翼的心情来尊敬您。这才是真正的尊敬，这才是您的亲人对您的真正的爱。我所要嘱咐您的妻子和女儿的是：她们应该在心的深处默念您的言行，她们不要只顾怀想您的遗容，而要更加怀念您的遗德。并不是说，我反对用大理石或青铜来雕塑您的形象；但是，一切能模仿人的面貌之物都和人的面貌同样的脆弱，它终有毁灭之一日，唯独精神的型范则不可以用某种外物来表达，不可以借艺术来表达，而只有在我们的生命中才能表达出来。我们之所永远爱戴于阿古利可拉者，我们之所永远敬仰于阿古利可拉者，将岿然长存，长存在人们的心里，长存在无穷无尽的岁月里，长存在那歌功颂德的口碑之中。时间的浪潮的确卷走了许多死去的人们，卷走了丑恶的、卑鄙的人们，把他们冲得无影无踪；但是，历史和传说却会使阿古利可拉流芳百世，永垂不朽！

注　　释

〔1〕茹提里乌(Rutilius Rufus,P.):罗马政治家和演说家。公元前111年任大法官,前105年任执政官,前95年任亚细亚总督。因严惩包税人的贪污行为而遭人谗害,于公元前92年被放逐出罗马。他曾用希腊文写过罗马史和自传。

〔2〕斯考茹斯(Marcus Aemilius Scaurus)(公元前163—前88年):罗马政治家。有演说辞流传于后世,但找不到他写自传的事实。他的儿子与他同名,但也没有写自传的事,而且政绩颇劣。塔西佗所指的应当是前者。

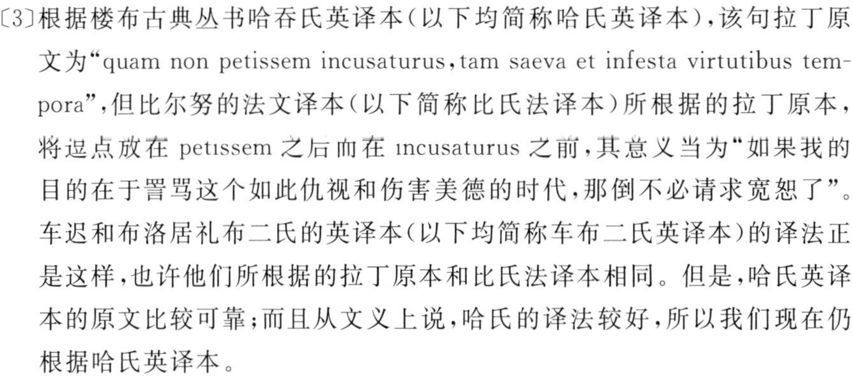

〔3〕根据楼布古典丛书哈吞氏英译本(以下均简称哈氏英译本),该句拉丁原文为"quam non petissem incusaturus,tam saeva et infesta virtutibus tempora",但比尔努的法文译本(以下简称比氏法译本)所根据的拉丁原本,将逗点放在petissem之后而在incusaturus之前,其意义当为"如果我的目的在于詈骂这个如此仇视和伤害美德的时代,那倒不必请求宽恕了"。车迟和布洛居礼布二氏的英译本(以下均简称车布二氏英译本)的译法正是这样,也许他们所根据的拉丁原本和比氏法译本相同。但是,哈氏英译本的原文比较可靠;而且从文义上说,哈氏的译法较好,所以我们现在仍根据哈氏英译本。

〔4〕茹斯替古斯·阿茹勒努斯:罗马政治家,共和派人。公元66年任保民官。他是拜图斯的弟子,因为给拜图斯作传而于94年被多米先害死,他所写的传记也被焚毁。参看本传第45节。

〔5〕特拉萨·拜图斯:著名的罗马元老院议员和斯多噶派哲学家。他因得罪暴君尼罗而于公元66年被处死。他的女儿嫁给普累斯古斯。

〔6〕赫伦尼乌·塞内契阿:出生于西班牙,在多米先朝任税务使之职,共和派人。他曾接受普累斯古斯寡妻樊尼雅(Fannia)的请求而替普累斯古斯作

诔辞，因此被多米先处死。

〔7〕赫尔维底乌·普累斯古斯：罗马政治家，共和派人。因受其岳父拜图斯的影响而信仰斯多噶派哲学。公元66年，尼罗将拜图斯处死，将普累斯古斯放逐出意大利。公元68年始被加尔巴召回，但后来为魏斯巴兴所杀。

〔8〕佛伦—尤里邑：在高卢南部，系恺撒所建。其位置约相当于今日法国马赛北面之弗勒羽(Fréjus)。

〔9〕凯乌斯·恺撒：即有名的暴君加利古拉(Caligula)。

〔10〕马古斯·西拉努斯：罗马政治家。公元19年任执政官。他的女儿嫁给皇帝凯乌斯·恺撒。他曾任阿非利加总督，因屡次向凯乌斯·恺撒进忠言而遭恨，最后被迫自杀。

〔11〕马西利亚：罗马时代高卢南部的城市，即现代法国马赛之前身。

〔12〕阿古利可拉初到不列颠军中服务在公元五八年。

〔13〕随多尼乌·鲍利努斯于公元五九年被皇帝尼罗任命为不列颠总督。

〔14〕罗马在边境上所建之殖民城，专用以屯驻退伍的兵员。

〔15〕塔西佗此处所述，即指鲍蒂赤雅所领导之不列颠人起义而言，参看本传第15、16两节。

〔16〕阿古利可拉结婚在公元61年。

〔17〕任税务使在公元63年。

〔18〕任保民官在公元66年。

〔19〕任大法官在公元67年。

〔20〕当时第二十军团驻在不列颠，其统帅受不列颠总督指挥。阿古利可拉受命统帅第二十军团在公元69年。

〔21〕白提里乌·车累亚利斯最初曾在随多尼乌·鲍利努斯手下服务。后来又曾在别的战场上立过功。公元70年，被魏斯巴兴任命为不列颠总督。关于他征服不列甘特斯人的事迹，参看本传第17节。

〔22〕阿古利可拉于公元七三年获得贵族身份。

〔23〕阿古利可拉任阿奎达尼亚总督在公元74至76年，任执政官在公元77年。

〔24〕罗马执政官在卸任之后，习惯上出任大省的总督；所以当阿古利可拉将要就任执政官的时候，已经有人预先估计他在执政官卸任后会出任哪一

省的总督了。

〔25〕阿古利可拉出任不列颠总督在公元 78 年夏季。

〔26〕法比乌·茹斯替古斯:罗马史学家,为克劳底乌与尼罗皇帝时代人。

〔27〕罗马人称不列颠岛北部的苏格兰高原地带为喀利多尼亚。

〔28〕奥喀德斯群岛即今苏格兰以北的奥克内群岛(Orkney Is.)。

〔29〕古代人称地球最北的一个地方为"北溟之国",其地址是很难确定的。最先提到"北溟之国"的是希腊亚力山大大帝时代的著名航海家皮提亚斯(Pytheas)。据他的报道,北溟之国离不列颠约有六日航程。有人以为所指的就是冰岛;有人以为是挪威的一部分;但根据托勒密地图看来,古人所谓北溟之国可能就是设得兰群岛(Shetland Is.)中的门兰岛(Mainland)。

〔30〕这一句是根据哈氏英译本译的,其他译本意义上有出入。

〔31〕罗马人所谓西鲁瑞斯人即指当时居住于现代威尔斯南部地方的居民。

〔32〕即指不列颠而言。

〔33〕塔西佗的地理常识是比较贫乏的。在他那个时代,已经有许多人相信大地是一个球形;而他却还认为大地是一个平面,认为太阳是绕着扁平的地面的两端上升和下降的。因此,他在这里的叙述是很可笑的。他对于不列颠地理状况的报道,一部分由于传闻失实,一部分由于他自己行文时以意为之,所以往往荒诞不经。不过,对于一位古代大文豪的作品,自然也不应当用现代科学的眼光来苛责它。

〔34〕已故的尤利乌斯即指尤利乌斯·恺撒而言。罗马帝国时期对于死去的皇帝尊为神圣,故在其名字前面往往加上"divus"一字,直译为"神圣的",意思即指"已故的"。因为尤利乌斯·恺撒并未正式做过皇帝,所以这里只译作"已故的"。下面遇到皇帝的名字均译作"先帝",不另加注。

〔35〕可参看"日耳曼尼亚志"第 37 节。

〔36〕奥鲁斯·普劳提乌斯于公元 43 年受皇帝克劳底乌之命,为不列颠第一任总督。

〔37〕鄂斯托累乌·斯卡普拉于公元 50 年继任不列颠总督。不列颠著名的西鲁瑞斯人的酋帅卡拉克塔古斯(Caractacus)就是被他俘虏的。

〔38〕莫那岛即今之安格尔西岛(Anglesey)。

〔39〕本段引号中的话，按哈氏英译本所据之拉丁原文，系间接引语，没有引号。但比氏法译本之拉丁原文为直接引语，车布二氏英译本之译文也是直接引语，有引号。我们觉得用不列颠人自己的口气比用塔西佗的旁述口气更为生动有力一些，所以改从后二种译本了。

〔40〕鲍蒂赤雅是不列颠一个土著酋长(国王)的女儿。罗马兵士曾强奸了她的两个女儿，因此引起她的愤怒。她领导不列颠人反抗罗马统治者，在进攻殖民城时，杀死了七万多罗马人。公元 61 年，起义失败，鲍蒂赤雅自杀。

〔41〕不列甘特斯人所居住的地方约相当于现代的约克(Yorkshire)、都兰(Duram)、肯布尔兰(Cumberland)、威斯特莫兰(Westmoreland)和兰开夏(Lancashire)等地。

〔42〕公元 78 年夏季。

〔43〕鄂多未色斯人所居住的地方约相当于现代威尔士的北部。

〔44〕"libertus"指被释免的奴隶而言。

〔45〕以上这两句的拉丁原文为："namque per ludibrium adsidere clausis horreis et emere ultro frumenta ac luere pretio cogebantur. devortia itinerum et longinquitas regionum indicebatur, ut civitates proximis hibernis in remota et avia deferrent, donec quod omnibus in promptu erat paucis lucrosum fieret."原文过于简略，直译出来很难看明白，车布二氏英译本和哈氏英译本的英译文虽然都稍有增饰，但仍交代得不甚清楚。我们在这里根据个人的理解，在文字中略有补充，用以衬托原义。

〔46〕公元 79 年夏季。

〔47〕此句拉丁原丈为："ut nulla ante Britanniae nova pars pariter illacessita transierit."，"illacessita"(不受攻击)一字的含义不很明确，不知指的是不受罗马人的攻击还是不受邻近部落的攻击。哈氏英译本译作"… ever before passed over to Rome with so little interference from the neighbours"，可见哈氏认为是指"不受邻近部落的攻击"。车布二氏英译本在这里译作："… no newly-acquired part of Britain had before been treated."前者过于武断，后者过于含糊，所以我们完全采取直译，让读者自己去体会原意。

〔48〕“porticus”指一种装饰得很华丽的过道，上有天花板，两旁有排柱，类似我国的长廊。但它除了作为通道以外，更经常用作休息的地方，大多比长廊更宽敞一些，在形式上和性质上都和我国旧式建筑中的花厅相仿佛，所以译作“花厅”似更恰当。

〔49〕公元 80 年。

〔50〕塔漳斯不知指的哪一条河的河口，许多学者对这个地名的考证存在着分歧的意见，有人认为是现代的苔衣湾(Firth of Tay)，有人认为是推德河(Tweed)口，还有人认为是索尔威湾(Solway)。

〔51〕公元 81 年夏季。

〔52〕克洛塔海口即今之克来德湾(F. of Clyde)，波多特里亚海口即今之福尔斯海口(F. of Forth)。

〔53〕此处拉丁原文“Quinto expeditionum anno nave prima transgressus ignotas ad id tempus gentis crebris simul ac prosperis proeliis domuit”，并没有说明阿古利可拉渡过哪一个海口，哈氏英译本也没有指明是哪一个海口。车布二氏英译本在这里点出渡过克洛塔海口，根据地理位置、用兵先后以及根据下文第 25 节所指出的经略范围而言，这里指的应当是克洛塔海口。

〔54〕指地中海。

〔55〕公元八三年夏，这是多米先即位的第二年。

〔56〕乌昔鄙夷人为日耳曼人中之一支：参看“日耳曼尼亚志”第 32 节。

〔57〕斯维比人和弗累昔夷人都是日耳曼人中的部落名称：参看“日耳曼尼亚志”注释〔6〕、第 38 节正文及第 34 节。

〔58〕指公元 84 年夏季，即阿古利可拉任不列颠总督的第七个年头。

〔59〕格劳庇乌山：在一般的版本中，该地名的拉丁原文均为“Mons Graupius”，而在 15 世纪出现的另一个版本中却写成了“Grampius”，这正和现代苏格兰的格兰扁山脉(Grampian Mts.)的名字相符。从地理上来看，此处所指的山倒很可能是格兰扁山脉。但从版本学上来看，一般学者均认为“Grampius”不如“Graupius”之可信，所以“Grampius”也可能是抄写时的笔误，而它与今日之格兰扁山脉的名字不过是偶然的巧合而已。

〔60〕巴塔威人和佟古累人都是日耳曼人中之一支:分别参看“日耳曼尼亚志”第 29 节和第 2 节。

〔61〕哈氏英译本的拉丁原文为:“donec Agricola Batavorum cohortes ac Tungrorum duas cohortatus est…”,即如本文所译。但比氏法译本所据之拉丁本在“Batavorum”之前多一“tres”,那就变成“三个巴塔威人步兵团和两个佟古累人步兵团”了。车布二氏英译本与后者同。

〔62〕本句哈氏英译本之拉丁原文为:“interim equitum turmae,ut fugere covinnarii,…”,即如本文所译。但比氏法译本所据之拉丁原文为“interim equitum turmae fugere,covinnarii…”这样一来,溃退的是马兵而不是车兵了。车布二氏英译本译文同于后者。

〔63〕波瑞斯狄人为古代居住在苏格兰境内的一种土著。

〔64〕据近代学者的研究,阿古利可拉并未绕不列颠航行一周,他只是从不列颠东海岸出发,绕过北部,到达西岸;然后又从西海岸折回北海岸,回到东岸原处。

〔65〕特鲁库伦港在另一个版本上作特鲁土麟港(Trutulium)。该港应在不列颠东北沿岸,究竟相当于现代哪一个港口已经无可查考。

〔66〕阿古利科拉卸任回罗马在公元八五年。

〔67〕这里指的是罗马人统治下的日耳曼尼亚郡,在高卢北部,不是“日耳曼尼亚志”中所描叙的大日耳曼尼亚。

〔68〕即公元 40 年。

〔69〕即公元 93 年。

〔70〕卡茹斯·梅提乌斯是多米先手下的一个告密人。

〔71〕美萨里努斯(L. Valerius Catullus Messalinus):罗马人,公元 73 年与魏斯巴兴同任执政官。后出任总督,对犹太人特别残酷。在多米先朝中,他也是一个专门谗害旁人的告密人,但这时他已双目失明。

〔72〕阿尔巴为罗马城的母城,位于阿尔巴湖与阿尔巴山之间,与罗马城相距不远。

〔73〕马萨·拜彼乌斯:罗马人,曾在西班牙任南拜提加(Baetica)郡守之职,因贪污舞弊,被全郡所控,下于囹圄。多米先后来释放了他,他也成了告密人之一。最后因他激起公愤被处死。

〔74〕毛利古：罗马政治家，共和派人。他是茹斯替古斯·阿茹勒努斯的兄弟，他们两人不仅感情亲睦，而且在政治思想上也符合一致。茹斯替古斯被处死后，毛利古被多米先放逐出境。

〔75〕在一般的拉丁文本中，该句的原文为："nos Mauricum Rusticumque visus"（我们看见了毛利古和茹斯替古斯），这是没有意义的。车布二氏英译本的译文是："we gazed on the dying looks of Mauricus and Rusticus"，比氏法译本的译文是："les regards de Mauricus et de Rusticus confondirent notre lâcheté"：这两个译本都是揣想作者之意而补充出来的。但哈氏英译本根据15世纪的雷脱斯（Laetus）本，将原文中之"visus"改为"divisimus"，这是雷脱斯亲自校正的，这样一来，意义可以了解，译法也就完全不同了。我们在这里是以哈氏英译本为根据的。

〔76〕多米先的面皮色带深红，无论他发怒或羞愧的时候，面孔都不会再变色。所以塔西佗讽刺他，说他的面皮老是鼓得发红，为的是怕露出羞赧之色。

附:罗马经略不列颠大事年表

公元前 55 年　尤利乌斯·恺撒初次率领罗马军队侵略不列颠。

公元前 54 年　恺撒第二次侵略不列颠。

公元前 50 年至公元后 37 年　由于罗马发生内战和内战以后皇帝奥古斯都与狄白利乌维持不向外扩张的政策,此时期内罗马对不列颠未加经营。

公元 40 年　皇帝加利古拉(即凯乌斯·恺撒)计划进攻不列颠,但未付诸实现。

公元 43 年　皇帝克劳底乌派魏斯巴兴率领军队进攻不列颠,征服了沿海一带。

公元 43—50 年　奥鲁斯·普劳提乌斯任第一任不列颠总督,不列颠东南沿海始成为罗马行省。在科尔车斯特(Colchester)建立一座罗马殖民城。

公元 50—52 年　鄂斯托累乌·斯卡普拉任总督。他征服了不列颠人中最勇悍的西鲁瑞斯人,虏其名酋卡拉克塔古斯,为罗马人统治不列颠打下基础。

公元 52—58 年　狄底乌·加鲁斯任总督。行省边境向北略有扩张。

公元 58 年　魏拉尼乌斯任总督,不久死去。

阿古利可拉于是年始被派至不列颠军中服务。

公元 59 年　随多尼乌·鲍利努斯任不列颠总督。

公元 61 年　鲍利努斯出兵攻莫那岛(今之安格尔西岛),不列颠人乘机起义,推伊色尼(Icene)部女酋鲍蒂赤雅为首领,焚烧科尔车斯特殖民城。鲍利努斯回师镇压了起义。

阿古利可拉被调回意大利。

公元 62 年　白特洛尼乌·杜尔比里亚努斯代鲍利努斯任总督,彻底平定乱事。

公元 65 年　特瑞白利乌·马克西姆继任总督。罗马文化与奢侈的生活习惯开始在不列颠流传。

公元 69 年　魏提乌·波拉努斯继任总督。
阿古利可拉调至不列颠任第二十军团统帅。

公元 70 年　白提里乌·车累亚利斯任总督。他在任期间,征服了不列甘特斯人的地域(今之兰开夏与英格兰西北部),扩张了不少领土。

公元 72 年　阿古利可拉被调回罗马。

公元 75 年　尤利乌斯·福隆提努斯任总督。他在任期间,征服了全部西鲁瑞斯人的地域(今之南威尔斯)。

公元 78 年　阿古利可拉任总督。是年鄂多未色斯人起事,被阿古利可拉镇压,罗马军队征服了北威尔斯一带地方及莫那岛。

公元 80 年　阿古利可拉征服了塔淖斯河以南之地。

公元 81 年　阿古利可拉在英格兰北部与苏格兰交界处筑了一列坞壁。

公元 83 年　阿古利可拉率领水陆军侵略苏格兰沿海之地,进兵击败了喀利多尼亚的不列颠人。

公元 84 年　阿古利可拉在格劳庇乌山下大败不列颠人的军队,彻底击败了不列颠人的抵抗。他率领水军环绕苏格兰东、北、西三面往返航行一次。从此不列颠绝大部分地方才完全被吞并入罗马帝国版图之内。

公元 85 年　阿古利可拉卸任,被调回罗马。

日耳曼尼亚志

(De Germania)

1 未被划分的日耳曼尼亚[1]:在它与高卢人、瑞提亚(Raetia)人和潘诺尼亚人之间,有莱茵河和多瑙河为界;在它与萨尔马泰人(Sarmatae)和达契人(Daci)之间,有些地方为群山所阻断,有些地方则因彼此猜惧而互相隔离;至于其他一方,则为一片大洋所围绕,那片大洋环抱着许多广阔的半岛和庞大的岛屿。直到最近,由于兵锋远及的缘故,我们才对这一带的君民们稍有所知。莱茵河就发源于瑞提亚境内阿尔卑斯山峻峭的山峰之上,向西折流了一段路程以后,入于北海。多瑙河从阿卜诺巴山(Abnoba)[2]那较低平的山脊上倾流而下,沿途经历了许多部落的地界,最后分为六道,注入朋都海(Pontus)[3]:其第七道出口已经漫没在沼泽之中了。

2 说到日耳曼人本身,据我推测,他们应该是一种土著,从来不曾和外来的或亲善的异族混杂过;因为在古代,人们迁徙定居,都由海道往来,不取陆道;而日耳曼尼亚所濒临的大洋,无边无际,和我们相距,真所谓各在天一涯,当然就很少有船只从我们这一端航行到那儿去了。何况,即使撇开这茫茫大海的风波之险不谈,又有谁愿意离开这亚细亚、阿非利加或者意大利而迁居到那景物荒凉、风光凄厉的日耳曼尼亚去呢？除非那是他的故乡。

歌谣是日耳曼人传述历史的唯一方式，在他们自古相传的歌谣中，颂赞着一位出生于大地的神祇隤士妥（Tuisto）和他的儿子曼奴斯（Mannus），他们被奉为全族的始祖。据说曼奴斯有三个儿子，滨海的印盖窝内斯人（Ingaevones）、中央部分的厄尔密诺内斯人（Herminones）和余下的伊斯泰窝内斯人（Istaevones）就是因他的三个儿子而得名的[4]。有一些人利用古代事迹的渺茫而任意附会，他们给曼奴斯添上许多儿子，从而多出了一些族名，如马昔人（Marsi）[5]、甘卜累威夷人（Gambrivii）、斯维比人[6]和汪底利夷人（Vandilii）[7]等，据他们说，这些族名都是真正的旧名，而“日耳曼人”却是后来增添的名称。真正最先越过莱茵河而侵犯高卢人的那一支人，虽然现在被称为佟古累人（Tungri），在当时却称为日耳曼人。最初仅由于这一族战胜了的人用这个名称来恫吓高卢人，后来，原是一支人的名称便逐渐流行起来，以至把“日耳曼人”这个名称加在全部落的身上了。

此外，他们还传说赫尔丘力士（Hercules）[8]曾降临到日耳曼 3
人中，因此，这些土著们在临阵之前，总要首先唱着赫尔丘力士的赞歌。他们还往往发出一种呼啸的声音，他们把这种呼啸称为“拔力吐”（barritus）[9]，借它的声音以壮胆；并且根据呼啸的情形来预测这场行将开始的战役的胜负。如果呼啸声齐协，就表示士气激昂，足以慑敌；如果呼啸声杂乱，就表示士气不振、惊慌失措。对他们说来，与其说这是一种呼声的协调，毋宁说是一种心的共鸣；他们力求发出一种粗暴的音量，发出一种狂吼。他们将盾举至唇边，使呼啸声的音调可因回响而更加洪亮。

又按照某些人的意见：乌利克塞斯(Ulixes)在他那长期的、传奇性的漫游中，曾被逐到这片大洋上，因而也到过日耳曼尼亚的境域。据他们说，位于莱茵河岸而迄今还有着居民的阿喜布尔基乌姆城(Asciburgium)[10]即为乌利克塞斯所建，并且是由他赐名的；而他们又说在该处曾经发现这一个祭乌利克塞斯的祭坛[11]，乌利克塞斯和他父亲赖尔特斯(Laertes)的名字并排刻在上面。在日耳曼尼亚和瑞提亚之间的边界上，还发现了一些刻着希腊字母的碑碣。我既不想证实、也不想反驳这些说法；至于这些说法中有多少是可以相信的，那每一个人都可以随自己性之所好来作决定了。

4 我个人同意把日耳曼尼亚的居民视为世界上一种未曾和异族通婚因而保持自己纯净的血统的种族，视为一种特殊的、纯粹的、除了自己而外和其他种人毫无相似之处的人。因此，虽然他们人数极多，而体格则完全一样：他们都有着凶暴的蓝眼睛、金黄色的头发、高大的身躯；他们只有突然冲动的勇猛而不耐心于操劳和艰苦的工作，也绝不习惯于忍受燥渴和炎热；由于气候和土壤的缘故，他们对于寒冷和饥饿倒能安之若素。

5 这一块地面虽然也有着种种不同的形状，但整个说来是一片密树参天、泥泞满地的地区；而靠高卢的一边，雨暴尤严；靠诺利古姆(Noricum)和潘诺尼亚的一边，风势特劲。这一带地方谷物颇丰，而不宜于果树；这儿的禽畜繁殖，但多半不甚肥硕。就是当地的牛类也不如寻常牛类的美观，其额部不够方阔。日耳曼人多以畜群的多寡相夸耀，这乃是他们所钟爱的唯一财富。诸神不曾将金银赐给他们，究竟是出于诸神的垂怜还是降怒呢，这倒很难说了。我并非断言日耳曼尼亚没有金矿或者银矿：因为，谁曾在那里勘察过呢？但无论如何，他们是不像他们的邻居那样汲汲于想占有和使用金银的。在他们那儿也可以看到一些银瓶，那是送给他们君长的礼物，但他们并不把银瓶看得比陶器更为珍贵。不过，住在帝国边境上的那些部落，由于通商的缘故，比较重视金银，并且能够辨认和储蓄我们货币中的某些钱币；至于住在内部的那些部落则仍然保持着淳朴的以物易物的古风。对于使用钱币交易的部落而言，旧币最为通行，而铸有两马驾车图的锯边旧币尤为他们所喜好。他们重视银子甚于金子，并非他们对于二者的质量有所厚薄，不过是因为那些购买低廉的一般用品的人觉得使用银子较为方便而已。

在他们那儿，铁也是很少的，这从他们兵器的形式上可以看出 6
来。他们没有剑和长枪，都使用一种短矛，他们称这种短矛为“夫拉矛”(framea)，它带有一个狭而尖的铁头，非常轻便，因此，不论在短兵交接或长距离交战时，这种武器都能适用。骑兵的装备就是一支夫拉矛和一面盾牌；步兵除此以外还有一束可供投掷的标枪。步兵每人带着不少的标枪，赤裸着，或顶多披上一件轻便的外衣，将标枪投掷得极远极远。日耳曼人从不讲究衣着的装饰，对于他们的盾，也仅仅涂上自己所喜欢的颜色而已。他们没有护胸甲，也很少见到戴着金属或兽皮制的头盔的人。他们的马匹既不美丽，又不善于奔驰；他们也不像我们那样训练驰骋盘旋的骑术，他们只知道纵马向前或向右拐一个直弯。不过他们将队伍排置得非常紧密，所以在拐弯时不会有一个人掉队。一般说来，他们的步兵较强，所以步兵总和骑兵配合作战。从全体壮丁中挑选出来的矫捷的步兵列在最前排，他们都是很适宜于配合骑兵作战的。步兵

的数额是固定的：每部出一百人，因此他们被称为“佰”，这本是一个数字，后来倒成了一个名号和光荣的头衔了。他们的阵式列成楔形；在交锋时，往往退却一下，而替再度向前进攻作势，这被视为一种战术，而不是怯懦。在搏斗正酣、胜负未分的时候，他们也要将战死者的尸体运回。丢掉了自己的盾是一件奇辱大耻的罪行，犯了这种罪的人不许参加宗教仪式，也不能出席大会。许多在战争中苟全性命的人，都以绞首来结束他那不名誉的生命。

7 他们的国王是按照出身推举的，而选拔将军则以勇力为标准。国王的权力并不是无限的，他不能一意孤行；将军们也不是以命令来驾驭士兵，而是以身作则地统率着士兵，他们借作战的勇敢和身先士卒的精神来博取战士们的拥戴。但此外如死刑、囚禁甚至鞭笞等种种事务都只有祭司们才能执掌，因为他们并不把这些视为刑罚或是将军的军令；在他们的想象中，有一位神祇常在战时伴随着他们，而这些都应当是这位神祇所降的责罚。他们从树丛中将他们所崇奉的图腾标帜取出来伴同作战。他们的军阵的编制并非临时随意排列，而是按照各个家庭和血缘关系编制的，最足以激发他们勇气的一个原因也就在于此：因为，站在自己身旁的就是自己最亲爱的人，他们可以听到妇孺的悲号声：这里有着每个男子心目中所最重视的旁观者；这里有着他们所急于想博得的赞誉：他们把自己的创伤带到母亲和妻子们面前，而她们也毫不畏惧地要求看一看和数一数那些伤口：她们管理战士的饮食和给他们以鼓励。

8 在传说中，有许多次已经溃败或将要溃败的战役都被一些妇女们挽救过来了。这些妇女们不断地祈祷着，并且袒露着胸脯，这样便使男子们俨然感到她们之将被奴役，而妇女之被奴役乃是他

们所最痛心的事。正因为这样，如果从这些部落中获得出身高贵的少女作为人质的话，更可以使他们矢忠不贰。不仅此也，他们还感到妇女身上有一种神秘的和能够预知未来的力量：他们从不轻视妇女：和她们商量事务，尊重她们的意见。在魏斯巴兴的时代，我们见到魏勒妲（Veleda）[12]曾被许多人长期奉为神明。早些时候，他们还曾尊崇过奥累尼雅（Aurinia）和其他许多妇女，但是，既没有谄媚奉承的态度，也不是为了任意捏造神祇[13]。

麦叩利（Mercurius）[14]是他们最尊崇的神，甚至在某些特定 9
的日子里，杀人来祭他也不为非法。对于赫尔丘力士和马斯（Mars）[15]则以比较合法的牺牲品[16]来奉祀他们。有一些斯维比人也祭祀伊昔斯（Isis）[17]。我找不出这个外来信仰的原因和来源，但从那像帆船似的标帜看来，可以推断这种崇奉仪式是外来的。此外，日耳曼人认为把诸神围在墙垣之中或将诸神塑成人的形象都是亵渎神明的行为。他们将森木丛林献给神祇。他们所称诸神的名称都是不可理解的，只有他们在虔心敬奉之中才能领悟其意义。

他们对于卜筮的重视不在其他种族之下。筮的方法是非常简 10
单的：先从核桃树上折下一条树枝，将树枝折成许多签，上面各标以不同的符号，然后胡乱地散布在一块白布上。如果所问的是公事，则由祭司主持；如果所问的是私事，则由一家之父主持。主持者先向诸神祈祷，然后两眼朝天，将签抽出，这样连抽三次，再按照签上预先标好的符号求得占解：如所得的象为“不从”，则当日不得再就该事往下追卜；如所得的象为“从”，则还需要用卜的方法来问事。在日耳曼人中也流行着根据鸟的鸣声和飞翔来占卜的方法。

但他们所特有的占卜方法是从马的身上看出一种征兆。在他们献给神祇的丛林中饲养着一些白马，这些白马不从事普通的工作；它们被系在一辆神车之上，由祭司、国王或酋帅们伴随着，他们倾听着这些白马的嘶鸣和鼻息之声。不仅对于他们的君民们，就是对于祭司而言，也没有比这种占卜的方法更可信的了。祭司们只算是诸神的仆役，而这些马却被视为神祇的信使。在重要战役之前，他们另有一种预占胜负的方法。那就是设法从敌族中捉拿一个俘虏，使他和本族中挑出来的一名勇士搏斗，各人使用本族的兵器。从这二人的胜负来看出战争的预兆。

11　日耳曼人中，小事由酋帅们商议；大事则由全部落议决。人民虽有最后决议之权，而事务仍然先由酋帅们彼此商讨。会议的日期是固定的，或在新月初上的时候，或在月盈的时候；因为他们相信在这个时候处理事务最吉利了；但若有紧急事务则不在此例。他们对时间的计算，不以日而以夜；他们的政令也是按夜颁布的。他们认为夜在昼前。当召集会议时，他们不能立刻集合，而需要费两三天的时间才能召集，这倒是他们自由自在的一个缺点了。在聚合了相当多的人以后，会议便开始，大家都带着武器就坐。祭司们宣布肃静，在这时候，他们有维持秩序的权力。于是在国王或酋帅们之中，或以年龄、或以出身、或以战争中的声望、或以口才为标准，推选一个人出来讲话；人们倾听着他，倒并非因为他有命令的权力，而是因为他有说服的作用。如果人们不满意他的意见，就报之以啧啧的叹息声；如果大家很满意他的意见，就挥舞着他们的矛：这种用武器来表示同意的方式，乃是最尊敬的赞同方式。

12　在这种会议中，也提出控诉或宣判死刑。刑罚的方式取决于罪行的性质。叛逆犯和逃亡犯则吊死在树上;怯敌者、厌战者和犯极丑恶之秽行者,则用树枝编成的囚笼套住而投入沼泽的泥淖中。他们认为这样分别处罚,是表示对于犯罪的行为,应当明正典刑,悬尸示众;而对于可耻的丑行,却应当秘而不宣[18]。轻罪也有着各种规定的刑罚:被判定有罪者应出马或牛若干匹作为罚金。罚金的一半归国王或国家所有,其另一半则归受害人或其亲属所有。他们还在这种会议上选举一些长官,到各部落和村庄里处理诉讼事件:每一个长官都有一百名陪审者,他们是由人民中选出来作为他的顾问的。

他们无论在办理公事或私事时,兵器总不离手。但是,只有在 13
国家认可某人有使用兵器的资格以后,他才能持有兵器。当一个人到达能使用兵器的年龄,就在大会上由一位酋帅或本人的父亲或亲属给这个青年装备一面盾和一支矛;这就犹如罗马青年以著拖袈为平生第一次喜庆一样。在此以前,他还是家庭中的一员;此后他开始成为国家的一员了。有些人因为出身高贵,或因祖上有卓越的军功,在尚未成年以前即可荣膺酋帅之任;这样的少年,居然也厕身在年富力强、阅历深厚的成年人之间。他们是不以作侍从为耻的。侍从之中自有等级之别,这得由他们所随从的主人来决定:侍从们为了决定谁应是第一名侍从的问题而引起激烈的竞争;酋帅们为了决定谁应有最多额和最勇敢的侍从也有竞争。经常为一群挑选出来的青年所环绕,这既是一种荣耀,也是一种力量;在安宁无事的时候,既可以显示威仪,在临阵交锋之际,又可以防护左右。一个酋帅如果能罗致为数很多而且孔武有力的侍从,那他不仅在本部落中,并且在邻近的部落中都会享有盛名;像这样

的酋帅会受到外族派来的使臣的称誉，会受到馈赠之荣，而仅凭他的威名就足以慑服敌人。

14 在战场上，酋帅的勇敢不如他人，是他的耻辱；侍从们的勇敢不如酋帅，也是他们的耻辱。假使自己的酋帅战死，而自己却从战场上生还，这就是毕生的羞辱了。保卫酋帅，甚至将自己的军功献归酋帅的名下，这才是精忠的表现。酋帅们为胜利而战斗；侍从们则为酋帅而战斗。如果他们的本土长年安静无事，那么很多高贵的青年就要自愿地去找寻那些正在发生战争的部落；一则因为他们的天性好动而恶静；再则因为他们在危难之中容易博得声誉；三则因为只有在干戈扰攘之中才能维持人数众多的侍从。侍从从慷慨的酋帅那儿可以得到战马和无比锋利的长矛。筵席饮宴是他们唯一的报酬，饮食虽然粗陋，但供设却甚为丰富。这些恩典的财源都是从战争和劫掠中得来的。要想劝他们像向敌人挑战和赢得创伤那样地去耕种土地和等待一年的收成，那是很困难的。而且，他们还觉得：可以用流血的方式获取的东西，如果以流汗的方式得之，未免太文弱无能了。

15 当他们不打仗的时候，很多的时光是消磨在狩猎上面，而更多的时光是无所事事，整天地吃喝睡觉，最勇敢善战的武士们现在却什么事也不做，把一切生计家务都委给家中的妇女和老弱掌管。他们自己却沉溺于怠惰之中，他们有着极矛盾的性情：既贪于安逸，又不耐于宁静。按照他们国内的习俗，每人自愿地将自己的牛群或谷物的一部分献给酋帅，这是作为礼物收下的，但也满足了酋帅们的需要。酋帅们特别喜欢接受邻近部落的馈赠，这些馈赠不仅有个人送来的，还有全体部落送来的：礼品之中有精选的良马、厚重的盔甲、马饰及项链等物。现在他们还从我们这儿学会了接受钱币。

大家知道,日耳曼人中,没有一个部落是居住在城郭内的,就 16
是个别的住宅也不容许彼此毗连。他们零星散落地逐水泉、草地或树林而居。他们的村落和我们这种屋舍栉比的村落形式不一样;他们在每座房屋的周围都留着一片空地,要不是为了预防火灾,就是不善于建筑。他们甚至不会使用石头和瓦:一切营造均用原木,不另加工,也没有装饰或娱目的地方。有些房屋涂上一层亮油油的黏土,倒有点像壁画似的。他们还喜欢在地下掘窖,窖上复以一层粪土,作为冬天藏物之用,因为地窖里可以杀寒。同时,当敌人来到的时候,地面上的东西纵被蹂躏,埋在地下的窖藏或不致为敌人所发现,或者就因为敌人懒得搜寻而可幸免。

在衣服方面,他们都披上一件外衣,用钩子束紧着,要是没有 17
钩子,则用荆棘代替。除此以外,没有别的衣服,终日围在火炉边。最阔气的人与众不同之处就在于另穿一件内衣;那内衣不像萨尔马泰人和帕提人(Parthi)[19]所穿的那么宽舒,而是束得紧紧地,使每一部分肢体都凸露出来。他们也穿野兽的皮;沿河居住的各部落的衣着比较随便,而内地居住的各部落则穿得整齐一些,因为他们不能从商人那儿得到衣服。他们选择某一些动物,将它们的皮剥下来,并且还把从远洋外海得来的一些动物的花斑皮和这些兽皮杂编在一起。妇女们的服装和男子们是一样的,不过她们经常穿一种亚麻布的衣服,缀以紫色的边,而它的上部并不放宽使成为袖子;因此她们的胳臂、肩膀和胸部附近都裸露在外面。

他们的婚姻制度倒是非常严密的,在他们的风俗习惯中没有 18

比这个更值得赞扬的了。他们大概是野蛮人中唯一以一个妻子为满足的一种人：虽然也有极少数的例外，但那些例外者并非出于情欲的作用，而是由于出身高贵才招来许多求婚者。至于说到订婚的礼物，不是女方把嫁妆送给男方，倒是男方向女方交纳采礼。由父母和亲戚出面鉴定采礼，但这些采礼只是一轭牛、一匹勒缰的马、一面盾、一支矛或一把剑，既不是为了迎合女人的口味，也不能用作新妇的装饰；当送了这笔采礼以后，妻子就被娶过来了，而她也带来一些盔甲之类送给自己的丈夫。他们认为这是一种最大的约束，这是一些神圣的仪节，这是一些保障婚姻的神力。为了恐怕妇女在婚后就放弃追求高贵行为的愿望和怀有避免战争危险的心理，因此，在成婚之夕，就谆嘱她应与她的丈夫共劳苦、同患难，在太平时候既与她的丈夫一同享福，遇到战争的时候也应当与他一共度过危难。驾轭之牛、勒缰之马以及那些交换的兵器也就是为了申明这种意义。做妻子的应当终身抱定这样的信念，那就是：她将自己所接受的结婚信物丝毫无损地传给她的儿子，使她的儿媳再接受它们而传给她的孙辈。

19　他们具有这样坚贞的品质；他们既不受声色的蛊惑，也不受饮宴的引诱。无论男女，都不懂得幽期密约。以这么多的居民而言，通奸的案件算是极少的了。他们对于奸淫的处罚是毫不容缓的，这是丈夫的特权。如果妻子与人通奸，丈夫就将她的头发剃光，剥去衣服，当着她的亲戚将她赶出家门，穿行全村将她笞打一遍。不守贞节是不可饶恕的罪行；像这样的女人，纵使年轻、貌美或富有资财，也很难找到丈夫。在那里，没有人对秽行付之以嗤笑，也没有人将勾引旁人堕落或受人勾引而致堕落的行为视为一种时髦的风气。有些部落的风俗尤其可嘉，在那儿只有处女可以结婚；当一个女人做了新娘以后，她便不得再有任何其他妄想了。她们只能有一个丈夫，犹如只有一个身体、只有一次生命一样，因此她们不会三心二意。她们不是为了找寻大夫，而是为了结一次婚。节育和杀婴，都被他们视为丑行，这儿优良的风俗习惯，其效力远胜于别的地方的优良的法律。

在每个家庭中，孩子们都是赤裸着的和很肮脏的，但却长出一 20
副我们所最羡慕的壮健身躯。婴儿都由自己的母亲哺乳，从不委托给保姆和乳娘。主人和奴仆在幼年抚养的时候是没有歧视的。他们同样地在畜群中厮混，同样地在泥地上打滚，直到他们成年、有了一定能力以后，才把自由人分别开来。他们是迟婚的，所以有着充沛无比的精力。女孩子也并不很早就结婚，男女都要到达同样的年龄和身材发育到同样的程度以后才结为配偶，因而子女长大后也有着与父母同样充沛的精力。甥舅的关系是和父子的关系相等的；的确，有些部落把甥舅关系看得比父子关系更为密切和神圣，而在接受人质时宁愿以甥舅关系为对象，认为这样可以获得牵连更广的可靠保证。但是，每人的继承者还是自己的子女。他们是没有遗嘱的。如果身后没有子女，则遗产依次应归兄弟和叔伯诸舅所有。一个人的亲属和姻戚愈多，则他的老景愈佳；至于老而无子的人是不会有什么福气的。

对于父亲和亲属的宿仇和旧好，都有继承的义务。宿仇并非 21
不能和解；甚至仇杀也可以用若干头牛羊来赎偿，这样不独可以使仇家全族感到满足，而且对于整个部落更为有利，因为在自由的人民中，冤仇不解是非常危险的事。

没有那种人比他们更慷慨好客的了。闭门拒客被认为是一种丑行。每一个人都按照他的家财以上宾之席待客。如果主人无力招待了,他会介绍另一位东道主给他的客人,陪同他前去,并不需要另一家主人的邀请。另一家也不以此为怪,而同样殷勤地招待他们。就尽主人之谊而言,对待熟人和陌生人是没有差别的。每当客人离开的时候,随他要求什么,就送给他什么;同时,主人也毫不忸怩地向客人索取礼物。他们非常爱好礼物,但他们既没有施恩望报之心,也没有受施必报之念。

22 他们往往睡到天明以后才迟迟起身,睡醒以后,习惯用温水洗浴,因为在他们的生活中,寒冬是很长的。洗浴以后,各人分别就自己的席次进餐。然后拿着兵器去处理事务;但也经常去纵饮狂欢。任何人日日夜夜地酗酒都不会受到斥责。喧吵是常见的事;当然,在这些醉汉中,辱骂是不容易了事的,经常是打得头破血流才告一结束。然而,冤仇的和解、婚姻的缔结、酋帅的推举甚至和战的决策,也都在这种饮宴中进行磋商,因为他们认为只有在这个时候心地方最坦白、最纯正和最能激起高贵的观念了。他们天性纯朴,又没有感染奸巧机诈,他们在无拘无束的饮宴中吐露各人的心事。大家的情绪意识就这样暴露出来,到了第二天再重新处置。这样的安排倒有各得其所之妙:因为他们正是在无力掩饰自己的时候进行磋商,而在头脑清醒的时候才作出决定。

23 他们的饮料是用大麦和其他各类酿造的,发酵以后,和酒颇为相似。河岸近旁的部落也购买酒。他们的饮食非常简单,就是一些野果、野味和乳酪。他们既无烹调之术,也不求其美味可口,只是为了充饥果腹而已;但在解渴方面,就不像这么有节制了。如果让他们纵饮：他们想喝多少酒，就供给他们多少；那么，这种恶习就容易使他们自动屈服，正如用刀剑征服他们一样。

他们的表演技术只有一种，在任何集会中都看不到第二种方 24
式。赤裸着的青年在枪丛剑棘中跳着舞。他们经常练习这种舞蹈，所以跳得很精熟，其舞姿也就自然优美；虽然这种游戏非常危险，但这纯粹是为了观众们的愉快而表演；靠这个赚钱是从来没听说过的。非常令人惊异的是：他们居然也正经其事地从事赌博，就是在头脑清醒时也如此，他们对输赢冒险极了，甚至当赌本输光了的时候，把自己的身体自由拿来作孤注之一掷。输家情愿去做奴隶；即使他比对方年轻力壮一些，也甘心被缚着去拍卖。这表示他们对这种坏习惯的坚持不改，而他们自己却把这说成是信义的行为。但赢家也觉得靠赌博赚来奴隶是不名誉的事情，所以对于这样的奴隶总是转卖出去的。

至于一般的奴隶，不像我们的奴隶这样被分派以各种不同的 25
家务，他们每人都有自己的一所房屋和一个家庭。像我们对待佃农一样，奴主只从奴隶那儿索取一定数量的谷物、牛和衣服；奴隶的属从关系仅此而已。其他一切家务都由妻子和儿女来负担。笞打奴隶、囚禁奴隶或罚奴隶做苦工的事是很少遇到的。他们也往往杀死奴隶，并不是为了整肃严格的纪律，而只是由于一时的暴怒，才将奴隶杀死，就犹如杀死一个仇人似的；不过杀死奴隶不受处罚而已。免奴的地位并不比奴隶高多少，在家庭中也没有什么地位，在政治方面更毫无权利；不过，受国王统治的部落里，情况就不同了，那儿的免奴的地位，往往可以升得比自由民和贵族还要高；至于其他部落中免奴地位之卑贱，却正是他们自由的一种标

志[20]。

26　他们对于贷款放息和重利盘剥的事情一无所知，这是比禁止这种行为更为有效的保障。土地是由公社共有的，公社土地的多少，以耕者口数为准；公社之内，再按贵贱分给各人。土地的广阔平坦，使他们易于分配。他们每年都耕种新地，但他们的土地还是绰有余裕；因为他们并不致力于种植果园、圈划草场和灌溉菜圃，并不用这些方法来榨取土地的肥沃资源。他们所求于土地者唯有谷物一种；他们甚至也不像我们这样分一年为四季。他们对于冬、春、夏三季的意义都能了解，而且也各赋以一个名称；但既没有秋季的名称，也不了解秋季有丰收的意义。

27　在他们的葬礼中，没有什么繁文缛节；对于有名望的人，专用某几种木材来焚化他的遗体，这就是他们唯一的仪节了。在火葬的柴堆上，并不堆积寿衣和香料，只是将死者的甲胄、有时连他的坐骑，投入火中。坟墓就是一个小草坡。他们认为雕饰费事而又笨重的墓碑会成为死者难受的负担[21]。在他们中间：恸哭流涕，片刻即止；而悲悼之情则久而不衰。他们认为：对于死者而言，妇女宜于哭泣，男子则宜于悼念。

上面我已经对全部日耳曼人的起源和风俗习惯作了全面的叙述，现在我要谈一谈各个部落不同的组织和宗教信仰，指出他们之间的差异有多大，以及由日耳曼尼亚迁到高卢的究竟是哪几个部落。

28　从伟大的尤利乌斯的记载[22]中得知，高卢人的势力曾一度胜过日耳曼人。因此，我们可以相信高卢人甚至曾经横渡过日耳曼尼亚之境。当任何一个部落强盛起来，希望去占有一些新的、尚未为强有力的王国所瓜分的公有土地时，河流是阻止不住他们的。因此，在厄尔齐尼亚（Hercynia）森林[23]与莱因、美努斯（Moenus）[24]二河之间的地区曾为厄尔维梯夷人（Helvetii）[25]所占有，在此以外的地方曾为波依夷人（Boii）[26]所占有，这两支部落都是高卢人。虽然现在居民已经更换，而该地仍风波依埃孟（Boihaemum）为名，可资证实。然而，究竟是阿拉威喜人（Aravisci）从俄昔人（Osi）[27]那儿迁到潘诺尼亚，还是俄昔人从阿拉威喜人那儿迁到日耳曼尼亚呢？这是无法辨明的。因为他们的语言、组织和风俗习惯迄今保持着一模一样。事实上，当初他们彼此有着同样的贫穷和同样的自由，而大河两岸也有着同样的优点和缺点。特瑞维累人（Treveri）[28]和纳尔威夷人（Nervii）[29]则亟亟于想表明自己是日耳曼人的苗裔，想借这种祖先的光荣来使自己区别于柔靡成性的高卢人。莱茵河岸倒有些真正的日耳曼人：如汪基约内斯人（Vangiones）、特利波契人（Triboci）和纳美特斯人（Nemetes）[30]。至于乌比夷人（Ubii）[31]，虽然罗马人已经把他们看作是罗马殖民城的居民，并把使他们定居罗马镜内的人的名字加在他们身上而称之为阿古利庇嫩塞斯人（Agrippinenses）[32]，以示别于其他的日耳曼部落；但他们却并不讳言自己的祖源。早先他们渡莱茵河内迁，并纳款归诚，因此我们就让他们定居在河边，既不需要监督，更可用他们来捍卫边境。

所有这些部落之中，以巴达威人[33]为最勇敢，他们据有莱茵 29
河中一个岛屿以及河岸一条很狭的地带。他们本是卡狄人（Chatti）[34]的一支，后来因为内乱才被迫迁到现在的住处，因而成为罗马帝国内的一部分。他们仍然保持着古代盟友的光荣表记，那就

是：他们不受进贡之辱，也不受包税人的压迫。我们为了攻守之利，所以才让他们免除一般的赋役，而独处一方，作为我们的兵库。马提雅契人（Mattiaci）[35]也和巴达威人同样臣属于我们。罗马人民的伟大，使帝国声威远扬于莱茵河外的异域。因此，这一部落的领域虽在河的彼岸，而他们的情意则反与我们一致；他们在各方面均与巴达威人相似，所不同者，他们家乡的气候和水土使他们保留了更为充沛的精力而已。至于那些耕种什一税地（agri decumates）[36]的部落，虽然远居在莱茵河和多瑙河以外，我也不能将他们算在日耳曼人之内。那是从高卢去的一些鲁莽的冒险者，他们因为无以为生才鼓勇前去占据了这块所有权不明的土地。不久以后，由于我们的国境日益扩张和兵锋远及的缘故，这块地方便被收入罗马行省之内而成为帝国中一个边远的角落。

30　比这些部落稍远一些则有卡狄人，他们的地区起自厄尔齐尼亚森林。这一带地区不像日耳曼尼亚其他各处那么低下和多沼泽。虽然大部分地方为山脉所盘踞，但地势是逐渐下降的，因此，将卡狄人团团围住的厄尔齐尼亚森林也就将他们直送到平原之上。卡狄人躯干肢体极其健壮，相貌凶恶而特别勇悍。就日耳曼人而言，他们应当是相当聪明的一支人了。他们推举出官长，并服从于官长们；他们有等级的分别；他们善于伺机乘隙，也能抑制自己一时的冲动；他们把白天的时间安排得很好，夜间掘堑筑垒以为防卫；他们不相信侥幸，而凭仗勇力；尤其不平凡的是，他们居然依恃将军的身先士卒甚于依仗军队的盲目冲锋，这是只有罗马人严明的纪律才能达到的。他们的全部军力在于步兵，步兵除了携带兵器而外，还负荷着铁制的工具和辎重。你可以见到其他的日耳曼部落从事小规模的战争,但卡狄人却只进行大规模的战役。他们很少从事抄掠和突击。大凡骑兵的特点就是胜如潮涌、败如山崩,迅捷和慌怯总是连在一起的;而步兵往往能沉着应战,颇近乎刚毅之勇。

卡狄人有一种专用以表示个人勇敢的风俗;这在其他的日耳 31
曼人中倒很少见过。那就是:男人刚刚成年,便把须发蓄起来,直到他杀死一个敌人用以表示自己的勇敢以后,才站在敌人血淋淋的尸体上,将脸剃光;从此他才算尽了自己出生的义务,才不负自己的国家和父母。怯懦者则仍然须发满面。在普通情况下,戴一个铁戒指,对他们说来是一种耻辱的标记,但是,一些最勇敢的人往往也戴上一个铁戒指,用以作为自誓的象征,直到他杀死了一个敌人以后,才算履践了自己的誓言,才能解脱自己戴上的铁戒指。这种风气在卡狄人中间很流行。有些男人,纵然头发斑白,还带有这种标记,因此为敌人和本族人所注意。每逢交战的时候,总是让这些人排在前列,蔚为奇观。即使在太平无事时,他们也并不显得驯静些。他们没有居室、没有田地、没有职业;他们任意游荡,游荡到那里,就由那里的主人款待他们。他们挥霍旁人的财产,亦如轻视自己的财产一样,直到年老体衰,才失去了当年的豪气。

莱茵河的河道现在已经固定下来,并当作边界了;沿莱茵河 32
岸,靠近卡狄人的有乌昔鄙夷人和邓克特累人(Tencteri)[37]。邓克特累人不仅以勇武善战著称,尤其擅长于骑兵的组织;邓克特累人骑兵的威名并不在卡狄人步兵之下。他们的祖先树立了这种威名,后世继续保持着。他们的儿童以骑马为游戏;青年人以此争胜逞强;甚而老年人也乐此不疲。马,也和奴隶、房屋及其他遗产一

样，由儿辈继承，所不同者，马不一定由长子继承，而是由特别勇敢善战的一个儿子来继承。

33 原先毗连着邓克特累人的为卜茹克特累人(Bructeri)[38]，但据最近道路传闻，卡马维人(Chamavi)[39]和安古利瓦累夷人(Angrivarii)[40]迁到了该处，将卜茹克特累人或赶走，或借邻近部落的帮助将他们歼灭，这也许是由于他们憎恨卜茹克特累人的专横，也许是由于他们贪图劫夺卜茹克特累人的财产；要不然就是由于上天降福于我们罗马人了。上天甚至还不惜让我们目睹这场激战。有六万多人死于这场战斗之中[41]，虽不是死在罗马人的刀剑之下，但却远胜于死在罗马人的刀剑之下，因为我们可以坐享其成。我默祷着：如果这些部落不能对我们保持友好，但愿他们彼此仇视起来；因为我们帝国的隆运已经衰替，幸运所能赐给我们恩典也就无过于敌人内讧的了。

34 安古利瓦累夷人和卡马维人的背面，为杜尔古比尼人(Dulgubini)和卡斯瓦累夷人(Chasuarii)[42]以及其他一些不著名的部落所围住。至于向莱茵河的一面则有弗累昔夷人[43]。弗累昔夷人分为两部分：强者称大弗累昔夷人，弱者称小弗累昔夷人。这两支人的地域，沿莱茵河直到大洋之滨，并且包括了罗马兵船所曾游弋过的那些湖泊。我们还曾探寻过这一带滨海的地方。传闻该处保存着赫尔丘力士的柱子；若非赫尔丘力士当真游历过这一带，那就是由于我们不约而同地将各处所见到的壮丽宏伟的建树都归之于他的神功了。德鲁苏斯·日耳曼尼库司(Drusus Germanicus)[44]的胆量并不算小，然而他没有去探寻海洋和探寻赫尔丘力士的遗迹，因为大洋遮断了他的道路。在他以后，更无人问津，大家都认为：与其去探究原委，倒不如诚信神功来得虔敬。

前面我们已经描述了日耳曼尼亚西部的情形。从这儿往北，还延展着一大片土地。最先遇到的是考契人(Chauci)[45]，这一部落的地域起于弗累昔夷人住所的边境，包括沿海一带，顺着前面所述各部落的边缘环曲而下，止于卡狄人之境。他们不仅占有这一大块地区，而且还稠密地聚居在这里。在日耳曼人各个部落中，他们应算是最高尚的一族；他们以正直的行为来保持自己的伟大。他们没有贪婪的野心，也没有非法的暴行。他们和别的部落和平相处，不相往来。他们从不挑起战争，也从不抄掠他族。他们并不侵害旁人而能保持自己崇高的地位，这正足以证明他们的英勇和豪强。他们的兵器是不离手的，一旦有事，大队人马在顷刻之间便可赴战；然而在太平无事的时候，他们的声威也并不稍衰。 35

车茹喜人(Cherusci)[46]住在考契人和卡狄人的邻近，他们长期以来没有受过侵略，安享着过度的、使人颓靡不振的太平之福。这自然很幸福，但却未见得安全，因为处在横暴的强邻虎视眈眈之下，太平只不过是用以自欺而已。当强权决定一切的时候，公道和仁义只是加在强者身上的美名。因此，车茹喜人本该有善良正直的声誉，现在却被称为愚夫和懦夫；而强盛的卡狄人与此相反，他们认为成功和深谋远虑是分不开的。车茹喜人的颠覆引起了福昔人(Fosi)[47]的颠覆，福昔人为车茹喜人的邻居，虽然在繁盛时期不曾和车茹喜人有福同享，但后来倒与他们有祸同担了。 36

就在日耳曼尼亚这一个遥远的角落里，沿海居住着青布累人(Cimbri)[48]。这个部落现在虽不甚重要，过去却有煊赫的声威。关于他们古代的光荣，现在还到处保留了不少遗迹；在莱茵河的两 37

岸有他们的营垒遗址，范围非常广阔，当你现在巡行这些营垒遗址的时候，还可以想象他们当年军容的雄壮，同时也可以发现这一次大规模移民的痕迹。罗马纪元六百四十年[49]，当车契利乌·麦特鲁斯（Caecilius Metellus）和巴庇累乌·卡尔波（Papirius Carbo）任执政官的时候[50]，我们初次听说青布累人的侵略；从那时起，直到皇帝图拉真之第二次任执政官[51]为止，共计约有二百一十年左右，我们从事于征服日耳曼尼亚竟达如此之久。在这段长时期中，双方都损失惨重。无论萨姆尼特人（Samnites）、迦太基人、西班牙人、高卢人或乃至帕提人，谁也不曾使我们受到这样经常的警戒。日耳曼人的自由自主真比阿萨色斯（Arsaces）[52]的专制还要可怕得多。东方除了杀死我们的克拉苏（Crassus）以外，他们还有什么可以嘲笑我们的地方呢？他们也曾丧失了自己的巴可茹斯（Pacorus）[53]，他们也曾被温提底乌斯（Ventidius）[54]击溃过。但是，日耳曼人曾经打败了或生擒了卡尔波[55]、卡修斯[56]、斯考茹斯·奥瑞利乌斯[57]、塞尔威里乌·车比约（Servillius Caepio）[58]和马古斯·曼里乌斯（Marcus Manlius）[59]，他们使罗马丧失了五个执政官的军队，他们曾经从一位恺撒[60]手中掳去了瓦茹斯（Varus）[61]所率领的三个军团。固然，他们也曾被马利乌（Marius）击败于意大利，被伟大的尤利乌斯击败于高卢，被德鲁苏斯、尼罗和日耳曼尼库司[62]击败于其本土之上，但是，在这些战役中，我们并不是没有损失的。不久以后，凯乌斯·恺撒的虚张声势终于成了一场笑话。此后，彼此一度相安无事；但到了我们发生内战的时候，他们又乘机袭击过我们军团的冬营，甚至还打算征服高卢。虽然又被我们赶回去了；但近年以来，只见我们在报捷奏凯，而不见我们真正战胜他们。

现在我们要谈到斯维比人了。他们不像卡狄人和邓克特累人 38
那样只是一个部落,因为他们占有日耳曼尼亚的大部分地区,所以他们至今还分成了许多部落,各有不同的名称,而总称为斯维比人。斯维比人所特有的一个表记是将头发抹在脑后,绾成一个髻。这是他们不同于日耳曼人其他部落的标志,也是他们内部自由人不同于奴隶的标志。在其他部落中也可以看到这种打扮,或由于他们和斯维比人有亲属关系,或由于通常好模仿他人的习惯,但这种例子只偶然可遇,也只限于年轻人。在斯维比人中,就是到了头发斑白的时候,还是绾一个蓬松的髻,也往往绾在头顶上。酋帅们则更在髻上加以装饰,他们对于容貌的修饰如此而已。但这完全出于一片纯朴天真,没有丝毫冶容求爱的念头。他们只是认为在交战的时候,将头发这样装束,可以使自己显得高大可怕一些,所以他们的打扮自己,说来倒是给敌人看的。

塞姆诺内斯人(Semnones)[63]自称为斯维比人中最古老和声 39
望最高的一支。他们的宗教可以证明他们的古老。每逢一定的时期,所有属于这种人的各个部落都派遣代表聚集在一个丛林之中,一方面由于祖先的兆迹,一方面由于丛林所引起的原始恐怖,因而将这座丛林献给了神祇。在这里,当众杀一个人作为牺牲,这就是举行他们野蛮宗教仪式的恐怖开端。对于这丛林的崇敬还不止此一端。他们进入丛林的时候,必须套上锁链,以表示属下对该处神力的皈依。如果不幸跌倒了的话,不得站起或由人扶起,而只许匍匐爬行出来。所有这些迷信都是由于他们相信他们种族就起源于此,并且相信万物之主的尊神就住在这里的缘故。塞姆诺内斯人

的繁盛更加强了他们的信仰；他们分成了一百个分部，部众的强大使他们自命为斯维比人的领袖。

40 至于郎哥巴底人（Langobardi）[64]则相反地因人口稀少而著称。他们处在部众强盛的邻族包围之中，但并不附从于他人，而以勇悍善战来维护自己的安全。在郎哥巴底人之外，则有柔底尼人（Reudigni）[65]、阿威约内斯人（Aviones）、盎格利夷人（Anglii）[66]、瓦累尼人（Varini）、欧多色斯人（Eudoses）、斯瓦多内斯人（Suardones）和努伊托内斯人（Nuithones）[67]，他们都为河流与森林所环绕。其中没有什么值得提到的，不过他们共同崇奉大地之母纳尔土斯（Nerthus）[68]，他们相信她乘着神车巡行于各部落之间，过问凡间之事。在大洋中的一个岛上，有一丛神林，神林之中，有一辆供献给神的犊车，覆盖着一件长袍。只有一个祭司可以接触这辆车子。当女神下降到这隐僻的地方时，只有这个祭司能够感觉出来，于是牝犊拉着车上的女神前进，而他则以兢兢业业的敬畏心情随侍车后。女神光临到哪里，哪里就设酒宴庆贺，女神降临的时期是欢乐的时期。在这时期中，他们不打仗，不带兵器；所有的兵器都收藏起来；只有在这个时候，他们才知道和欢迎和平与安宁，等到女神厌倦于凡间的交际以后，再由这位祭司将她送回她的庙宇。如果你相信的话，据说这犊车、车上的长袍和女神本身都要在一个神秘的湖中沐浴。送去服侍女神的奴隶们这时立刻就被湖水所吞没。因此引起一种神秘的恐怖和愚昧的虔诚，认为只有注定了要死的人才能见到女神的沐浴。这几支斯维比人扩展到了日耳曼尼亚很边远的地区。

41 我们现在再沿着多瑙河叙述，一如我们前面沿着莱茵河叙述

一样。距离我们最近的是厄尔门杜累人(Hermunduri)[69]。他们是效忠于罗马的一个部落。因此,在日耳曼人之中,唯独他们不限于在河岸上经商,而可从深入内地,可以到瑞提亚行省最繁荣的殖民城来贸易。他们可以到处通行无阻。我们对于其他部落只能列营陈兵以待;而对于他们却可以开门敞户相迎。因为他们毫无贪婪之心。有名的阿尔比斯河(Albis)即发源于厄尔门杜累人的境内,我们曾经一度对这条河很熟悉,但现在我们只是耳闻其名而已[70]。

厄尔门杜累人的紧邻为纳累喜人(Narisci),再过去则为马可 42
曼尼人(Marcomanni)[71]和夸地人(Quadi)[72]。马可曼尼人最强盛,最有威望。他们现在的本土,就是他们在古代时候赶走了波依夷人而用武力占夺来的。纳累喜人和夸地人也并不弱于马可曼尼人。如果单就日耳曼尼亚为多瑙河所环绕而言,则这三个部落的地区可以称之为日耳曼尼亚的边陲。直到我们的时代,马可曼尼人和夸地人仍由他们本族的国王统治着,这两族国王出自马罗波杜乌斯(Maroboduus)[73]和土德茹斯(Tudrus)两贵族家。但他们现在也受外人统治了,不过国王的势力是倚靠罗马为外援的。他们有时借重我们的兵力,而经常仰仗的是我们的财力,财力的效用并不在兵力之下。

马可曼尼人和夸地人的后面为马昔尼人(Marsigni)、哥梯尼 43
人(Gotini)[74]、俄昔人和布累人(Buri)所环绕。其中,马昔尼人和布累人在语言和生活习惯方面类似斯维比人。但哥梯尼人用高卢语,俄昔人用潘诺尼亚语,可见他们不是日耳曼人。更可资证明者:他们一面向萨尔马泰人纳贡,一面向夸地人纳贡,都因为是异

族而纳贡的。哥梯尼人更从事开采铁矿的贱役。所有这些部落所占的地区中,平原很少,他们大多住在森林里和山巅上。斯维比人被一条连绵的山脉隔成两半,在山外还住着许多部落。其中通用范围最广的共名为鲁给夷人(Lugii)。在鲁给夷人之中,值得提及的只有阿累夷人(Harii)、厄尔维科内斯人(Helvecones)、马尼密人(Manimi)、厄利昔夷人(Elisii)和纳阿纳瓦利人(Nahanavali)。在纳阿纳瓦利人中,有一座从古以来献给神祇的丛林。这片丛林,由一个穿着女人衣服的祭司守护着;而且,祇有用罗马人对于卡斯托神(Castor)和坡鲁克斯神(Pollux)的说法才能体现这些神的意味[75]。他们所谓阿尔契(Alci)诸神的性质就是这样。他们没有神像,也毫没有外来迷信的痕迹;但却把这些神当作年轻的兄弟来供奉着。阿累夷人不仅是鲁给夷人中最强大的一支,也是天性最蛮悍的一支,而且他们还借助于艺术和各种时机来增添自己的可怖性。他们用黑色的盾;身体都涂上颜色;他们专门乘着黑夜交战。他们就像一群阴兵鬼卒似地借着这惨淡可怕的情景使敌人感到惊慌失措。谁也不敢面对着这样奇怪的、宛如妖魔出现的情景。在任何一场战争里,眼光总是最先被慑服的。

44　在鲁给夷人之外为哥托内斯人(Gothones)[76]。他们由国王统治,虽较其他日耳曼部落稍受约束,但仍不妨于他们的自由。濒海一面,与哥托内斯人紧紧相连的为茹给夷人(Rugii)[77]和勒莫威夷人(Lemovii)[78]。这些部落的特殊标帜为圆形的盾、短剑和对于他们国王的忠顺。

在这些部落之外则有绥约内斯人(Suiones)[79],他们住在海中,不仅人多兵强,而且还有很强的海军。他们船只的形式是很特殊的，两端都有一个船头，准备随时可以靠岸。他们的船不张帆，两旁也没有排桨，桨位的排列是不固定的，好像内河的艇子一样，可以随着需要左右变换方向划动。绥约内斯人更重视财富，正因为如此，他们才被一位唯一的至尊所统治着，这位统治者的权力是无限的，他们无条件地服从他。他们不能像日耳曼人中其他部落一样，可以人人持有兵器，他们的兵器专门由一个奴隶保管。这固然是由于海洋阻断了敌人的侵袭，所以不需要经常的武备；然而也由于恐怕一群无所事事的人持有兵器便会作乱犯上的缘故。他们的国王也绝不肯将兵器交给一个贵族、自由人或甚至免奴来保管。

在绥约内斯人之外，还有一个海，海水濡缓，几乎是一片死水。45
我们可以推测这个海是环绕地面一周的。为什么呢？因为海上落日的余晖一直延至日出时才消失，其光甚亮，以至星辰为之失耀。而民间谣传附会，甚至说在那儿可以听到太阳上升的声音，并且可以看到太阳神所驾诸马的形状及其头上的光轮[80]。谣传又说天地尽头就在此处，这一点倒颇近于真。

在斯维比海的东岸住着伊斯替夷人（Aestii）[81]，他们的风俗习惯和服装是属于斯维比人的，而他们的言语却非常像不列颠语。他们崇拜诸神之母，这种迷信的标志为一只牝野猪的形象。这个标志被视为法力无边的护身符，女神的信徒们要是带上了它，即使在敌人包围之中也不会有危险。他们通常使用木棒，铁制的兵器是很少见的。在种植谷物及其他作物方面，他们比懒惰成性的日耳曼人要刻苦耐劳多了。此外，他们还往往到海中去搜寻东西。在野蛮人中，只有他们在海滩上或海岸边搜集琥珀，他们把琥珀称为“格来松”（glaesum）。他们究竟是些野蛮人，所以也不曾研究或探寻过琥珀的结构和成因。然而，很久以来，琥珀和其他海中漂流物都被一例看待，奢侈的罗马人才给它一个名称。对于这些土著说来，它是毫无用处的。他们只将琥珀搜集成堆，丝毫不加以磨光就拿给我们，他们反因为可以得到太多的报酬而感到奇怪。琥珀其实是一种树木的油脂，因为你可以从它的透明中看到一些虫豸，还有带翅的昆虫，这些虫类被这油脂所粘住，当它硬化的时候，便逐渐与它合为一体了。由此我有这样的想法：也许像东方那遥远偏僻的地方有着乳香等树渗出香汁一样，西方的陆地和岛屿上也有着某种果实很多的小丛林，那果实被日光的强热所晒，化成黏液而渐渐流入海中，被浪潮冲到对岸来了。试将琥珀置于火上，它立刻便像松木一样地燃烧起来，光彩夺目，异香扑鼻；而且立刻软化得像沥青或松脂似的。

与绥约内斯人毗连的还有昔托内斯人(Sitones)[82]。他们除了受一个女人统治以外，其他一切都和绥约内斯人相似。他们不独丧失了自由，简直连奴隶也不如。斯维比人就说到这里了。

46　至于揞契尼人(Peucini)[83]、维内狄人(Veneti)[84]和芬尼人(Fenni)[85]究竟应当算在日耳曼人之内还是应当归之于萨尔马泰人之列呢，这是很难断定的。揞契尼人，或称之为巴斯塔乃人(Bastarnae)，他们虽然在语言、生活方式和长期定居方面都和日耳曼人相似，虽然他们也都同样安于懒惰和肮脏；但因为他们的酋帅和萨尔马泰人的酋帅们互相往来的缘故，他们几乎堕落得像萨尔马泰人一样了。维内狄人大体上是接近于萨尔马泰人的；他们游荡于揞契尼人和芬尼人之间的山林中，以劫掠为生。然而，他们却应当属于日耳曼人：因为他们有固定的栖身之所，他们有盾，而且喜欢步行，矫捷善走，这些都和萨尔马泰人完全相反，因为萨尔马泰人经常是以马背或车辆为家的。芬尼人则极端野蛮、肮脏、贫穷：他们既无兵器，也无住宅；他们以野草为食，以兽皮为衣，以土地为床榻。他们一切都仰给于弓箭，因为没有铁，他们在箭头上装上一块尖骨。妇女和男子一道打猎，同样分享猎物。他们只知道用树枝编成一个罩子，用以保护婴孩，使免于野兽和风雨的侵害。这种东西也就是青年人的住处，也就是老年人的休养所。然而，他们觉得与其去忍受耕种田地的辛苦和营造建筑的艰难、与其把自己和旁人的命运悬置于希望和恐惧之间，那倒不如他们这样生活之既安且乐了。他们不忧人事，不畏神明，已经到达了一种人所不及的福境：他们已经无所求于天地之间了。

除了上述的以外，其他种种传闻，大多荒诞不经，例如说厄鲁昔夷人（Hellusii）和俄克昔约内斯人（Oxiones）[86]都是人面兽身等。诸如此类，尽是无稽之谈，而我也就置之不论了！

注　释

〔1〕日耳曼人原住在多瑙河以北和莱茵河以东的地区。当公元前58年恺撒远征高卢时，已经有几支日耳曼人渡过莱茵河下游而侵入了高卢人的区域。高卢人既被罗马征服，莱茵河下游西岸的日耳曼人也臣服于罗马，其所占之狭长地带被划分成“上日耳曼尼亚”和“下日耳曼尼亚”两郡，都属于高卢省。这两郡之地又称为“罗马的日耳曼尼亚”。至于莱茵河东岸未归属罗马的日耳曼尼亚则称为“大日耳曼尼亚”(Germania Magna)。塔西佗这里特别指出“未被划分的日耳曼尼亚”，即指“大日耳曼尼亚”而言，所以表示与彼划分成两郡的“罗马的日耳曼尼亚”有别。有些英译本在这里译成“the whole Germania”(整个的日耳曼尼亚)，意义恰得其反。

〔2〕阿卜诺巴山即今德国西南部之黑森林山脉。

〔3〕黑海古称朋都海。

〔4〕印盖窝内斯人约相当于后来的撒克逊人和伦巴底人；厄尔密诺内斯人约相当于后来的阿勒曼人(Allemanni)和斯瓦比亚人(Swabians)；伊斯泰窝内斯人约相当于后来的法兰克人。但这只是大约相当，绝非完全符合。至于图林吉亚人(Thuringians)、巴伐利亚人和勃艮第人等似不在此三大支之内。

〔5〕实际上是有马昔人的。马昔人与卜茹克特累人邻近，居住在德国西部利卑河(Lippe)下游，延及爱姆斯河(Ems)上游一带。(参看第33节)

〔6〕斯维比人是日耳曼人中若干部落的总称，本文后面自第38节至第45节所述各部落均属于斯维比人之内。一般而言，斯维比人包括住在梅克棱堡(Mecklenburg)、勃兰登堡、萨克森和绍林吉亚等地的日耳曼人。什瓦本(Schwaben)之地名即缘于斯维比人而来。他们原来的地区在哈斐尔河(Havel)和斯普累河(Spree)附近，一直向北延展到易北河口。他们之

中也有些住在埃德尔(Eider)附近,这说明他们很可能是由斯堪狄那维亚半岛南迁的。

〔7〕汪底利夷人是最先从斯堪狄那维亚半岛迁到波罗的海南岸的一支日耳曼人。公元前五世纪时,他们即已定居在奥得河流域。他们的族名与温西塞尔(Vensyssel)的地名有关,该地在林弗约登(Linfjorden)的北部,现在被认定是汪底利夷人的故址。西勒西亚(Silesia)即由他们中之一分支西令该人(Silingae)而得名。考古学家曾在西勒西亚发现若干公元前一世纪时的陶器,其形式和在丹麦、瑞典所发现的同时代的陶器极为相似,足证他们是从斯堪狄那维亚半岛南迁的。这一支人后称汪达尔人(Vandals)。五世纪时,他们参加了"蛮族"大迁徙运动,侵入高卢、西班牙,后转入北非,建立汪达尔王国。本文仅在此处提到他们,以后未再叙述。

〔8〕塔西佗时,罗马人对日耳曼人的宗教信仰不甚了然,往往将日耳曼人的神和罗马人的神混为一谈。日耳曼人所信奉的多纳神(Donas),或名多尔神(Tor),与罗马的赫尔丘力士相似,塔西佗或即指此而言。

〔9〕"拔力吐"或作"拔底吐"(baditus)。

〔10〕阿喜布尔基乌姆城位于莱茵河西岸,相当于今之阿斯堡(Asburg)。

〔11〕此处拉丁原文为"aram quin etiam Ulixi consecratam","Ulixi"为"与格",故应译作"祭乌利克塞斯的祭坛"。哈氏英译本译作"dedicated by Ulysses"(乌利克塞斯所建的祭坛),恐与原意不合,今不从。

〔12〕魏勒妲为日耳曼人中卜茹克特累人的一位女祭司。她曾鼓动巴达威人于公元 69 至 70 年进行反罗马的骚动。78 年,她被罗马所俘。住在日耳曼尼亚中部的一些部落把她奉为神明。(参看第 29、33 节)

〔13〕罗马帝国时期,从东方传来一种将皇帝尊为神祇的宗教习惯,元老院往往宣布皇帝为神,许多庙宇中都供着皇帝的神像。塔西佗此处即讽刺这种风俗。

〔14〕塔西佗大约以日耳曼人所信奉之吴盾神(Woden)——又名奥丁神(Odin)——当作罗马神中之麦叩利。

〔15〕塔西佗大约以日耳曼人所奉之战神狄武(Tiu)——又名狄尔(Tyr)——当作罗马神中之马斯。

〔16〕合法的牺牲品指不用人作牺牲而言,主要的指牛。

〔17〕伊昔斯为古代埃及人所信奉之女神。

〔18〕这里塔西佗所谓"犯罪的行为"是就法律观念而言，指的就是前面的叛逆和逃亡；所谓"可耻的丑行"是就社会道德观念而言，指的就是前面的怯敌、厌战和秽行：二者是分别言之的。因为前者是犯法的，所以吊死在树上，用以表示明正典刑；后者是丑恶的行为，但并不构成罪案，所以投入沼泽之中，不作公开的处分：塔西佗的意思是这样的，但原文稍嫌晦涩，故加以解说。

〔19〕帕提人即喜提亚人（Scythians）统治下之波斯人。喜提亚人自称阿萨色斯帝国；罗马人谓之帕提帝国，帕提即波斯之转音；中国人谓之安息。

〔20〕塔西佗在这里是对国王统治的部落的一种讽刺，其实也就是在讽刺罗马帝国。在他看来，"免奴"地位之被抬得很高，乃是没有自由的国家里的现象，而罗马亦复如此；至于在比较自由的部落里，"免奴"的地位却总是较卑贱的。

〔21〕近代考古发现，证明日耳曼人的葬礼并不完全如塔西佗所述的那么简单。在塔西佗较熟悉的莱茵河下流地区曾发现过许多骨灰，埋葬处的明器较少，葬礼可能是简单的。但在日耳曼尼亚其他地域所发现的坟墓中，其在公元以前者即已不是火葬坟而是尸葬坟，不过明器较简陋；至于公元一世纪以后者，明器也逐渐讲究起来，其中发现许多由罗马进口之铜器、玻璃瓶及少数银器。

〔22〕指尤利乌斯·恺撒的"高卢战记"（De bello Gallieo）。

〔23〕恺撒在他的"高卢战记"中，把日耳曼尼亚南部所有的森林、山脉都归属于厄尔齐尼亚的名下。塔西佗此处所指的为图林吉亚森林（Thüringen Wald）与喀尔巴阡山之间的一段山林，并包括利森山（Riesengebirge）在内。

〔24〕美努斯河即今之美因河（Main）。

〔25〕厄尔维梯夷人为高卢人之一支。所居地址大约相当于现代瑞士的西部。公元前58年，他们曾企图横穿罗马境内，迁居到高卢西南，但被恺撒赶回。后来他们所居之地被并入罗马，先属高卢—比利时（Gallia Belgica），后改属上日耳曼尼亚。

〔26〕波依夷人为一支强盛的高户部落。古时居于外阿尔卑斯高卢（Transalpine Gaul)。后分为两支,其中之一支渡过莱茵河,向东北迁移,定居于波依埃孟,该地即因波依夷人而得名,后转音成波希米亚。他们在该处住了一个时期以后,被日耳曼人中之马可曼尼人赶走。(参看第 42 节)

〔27〕阿拉威喜人与俄昔人可能都不是日耳曼人:前者住在多瑙河南岸潘诺尼亚境内,后者住在多瑙河北岸日耳曼尼亚境内。(参看第 43 节)

〔28〕特瑞维累人住在高卢—比利时境内,部众强大,可能是高卢人。他们是罗马人的忠实盟友。他们的骑兵为高卢之冠。在他们的地区中,有一座罗马殖民城,名为奥古斯塔—特瑞维罗闰(Augusta Trevirorum),即今之特瑞维(Trèves),德文称特里尔(Trier)。

〔29〕纳尔威夷人住在比利时一带,距特瑞维累人不远。他们好勇善战,于公元前 58 年被恺撒征服。

〔30〕汪基约内斯人和纳美特斯人居住在窝姆斯(Worms)和斯拜尔(Speyer 或 Spires)附近。特利波契人居住在阿尔萨斯的斯特拉斯堡附近。罗马为了利用他们替罗马人防守莱茵河,才允许将这一带地方给予他们住。这三支人都属莱茵河上游的罗马驻军管辖。当皇帝克劳底乌(Claudius)在位时(公元 41—54 年),汪基约内斯人和讷美特斯人曾帮助罗马将军击败了卡狄人的入侵。

〔31〕乌比夷人为日耳曼人之 支。他们原先住在莱茵河东岸。公元前 37 年,因受斯维比人的威胁,向罗马将军阿古利巴(Agrippa)投诚,请求内迁。阿古利巴把他们迁到西岸,居于现在的科伦(Cologne)附近。

〔32〕阿古利庇嫩塞斯人的意思表示是阿古利庇娜殖民城(Colonia Agrippina)的居民。这个殖民城就是现代德国科伦城之前身,最先名奥庇屯(Opidum),原来是乌比夷人迁居以后的一个大村镇。公元 50 年,罗马皇帝克劳底乌始改建为一殖民城。关于这个城的得名有两种传说:较流行的一种传说,认为它是由克劳底乌的第四个妻子阿古利庇娜得名的,阿古利庇娜出生在这里,因此克劳底乌才在这里建立一个殖民城而冠以阿古利庇娜之名;另一种传说认为,公元前 37 年,罗马将军阿古利巴把投降的乌比夷人迁到此处(见前注),因为纪念他而将当地的人称为阿古利庇嫩塞斯人,后来克劳底乌建为殖民城只是沿用旧名而已。看来塔西佗是采用了后一种传说。

〔33〕巴达威人为日耳曼人之一支，他们居住在现代荷兰一带，占有莱茵河下游地区瓦尔河(Waal)与勒克河(Lek)之间的一些岛屿。公元前 12 年以前不久，他们臣属于罗马，归莱茵河下游罗马驻军管辖。后来罗马皇帝的侍卫中有许多巴达威人。他们曾经在卜茹克特累女祭司魏勒妲的策动下，发动过大规模反抗罗马人的起义。

〔34〕卡狄人为日耳曼人中一支强大的部落。他们居住在现在德国中部图林吉亚和黑森(Hessen)一带。

〔35〕马提雅契人住在莱茵河东岸，约相当于现在德国西部威斯巴登(Wiesbaden)附近。

〔36〕什一税地指莱茵河上游东岸与多瑙河上游北岸之间的一块三角形地区，约相当于现在德国西南角巴登(Baden)与乌屯堡(Wuttemburg)一带。该处原先为日耳曼人所占据，当日耳曼人东迁以后，由罗马人占据而拨给高卢人居住，住在该处的高卢人应向罗马缴纳自己收入的十分之一作为地税，故称这块地方为什一税地。

〔37〕乌昔鄙夷人和邓克特累人居住在莱茵河东岸。公元前 53 年左右，他们被斯维比人赶走，在日耳曼尼亚各地流浪了三年之久。公元前 56 年，他们曾渡过莱茵河，但被恺撒击退，回到东岸居住。

〔38〕卜茹克特累人住在爱姆斯与莱茵二河之间，他们是后来的法兰克人的一支祖先。公元 98 年，他们被邻近部落所迫，迁居到利卑与鲁尔二河之间。

〔39〕卡马维人似属于高卢人种。公元 100 年以后，他们开始定居在莱茵河下游北部利卑河与阿斯尔河(Assel)之间。他们还留下了一部法典。

〔40〕安古利瓦累夷人是日耳曼人，他们住在威悉河(Weser)中游两岸。公元 16 年，被罗马征服。98 年，他们赶走卜茹克特累人而占有其地，后被萨克逊人所兼并。

〔41〕在现存的古代史料中，没有关于这件事的记载。据后代史学家的推测，塔西佗所指的可能是下面这件事：公元 78 年以后，卜茹克特累人曾赶走了自己的一个国王，这个国王向罗马求援。罗马下日耳曼尼亚郡守魏斯特利契乌・斯普令纳(Vestricius Spurinna)率兵到达卜茹克特累人之境，强迫他们服从原来的国王。大约在这个时候，有另外一个邻近的部

落乘机袭击他们，至于死亡数字不明。

〔42〕卡斯瓦累夷人原先住在德国西北部哈斯(Hase)附近，公元58年迁至鄂尔登堡(Oldenburg)。

〔43〕弗累昔夷人住在爱姆斯河以西之北海沿岸一带，约相当于今之荷兰东北部。现在这一带海中的弗累昔安群岛(Frisian Is.)即因此而得名。

〔44〕德鲁苏斯·日耳曼尼库司的全名为克劳底乌·德鲁苏斯·尼罗(Claudius Drusus Nero)，他是奥古斯都妻子李维雅(Livia)前夫所生之子。他曾屡次率兵摧败日耳曼人，所以被罗马人称为日耳曼尼库司。“日耳曼尼库司”的意义就是“日耳曼人的镇服者”。这本是一个光荣的绰号，而他的儿子却以此为氏，所以在罗马史书中，单称“日耳曼尼库司”则指这个德鲁苏斯的儿子；称“德鲁苏斯·日耳曼尼库司”则指他本人；称“德鲁苏斯和日耳曼尼库司”则指父子两人。(参看第37节)

〔45〕考契人住在威悉河口附近、爱姆斯河与易北河之间的地区。公元58年以后，渐向西和向南扩展。

〔46〕车茹喜人住在威悉河中游，现代不伦瑞克(Brunswick)附近。公元97年，他们领土的一部分被卡狄人占领。

〔47〕福昔人住在现在汉诺威附近。

〔48〕青布累人住在现在丹麦地方。近代学者认为他们的名字和林弗约登南部的西姆尔兰(Himmerland)地名有关。青布累人曾经是日耳曼人中一支极强大的部落，他们向高卢移民，并曾大举入侵罗马，攻入意大利。至奥古斯都时，青布累人势力始衰。

〔49〕罗马纪元六百四十年即相当于公元前113年。

〔50〕车契利乌·麦特鲁斯(Caprarius Caecilius Metellus)与巴庇累乌·卡尔波任执政官之年即公元前113年。

〔51〕图拉真在即帝位之前，曾两度任执政官，第二度在公元97年。

〔52〕帕提(即安息)帝国一直是罗马帝国的劲敌。帕提皇帝大多以阿萨色斯为名，塔西佗此处恐即泛指帕提皇帝而言。但帕提人也自称为阿萨色斯帝国，所以塔西佗也可能指帕提帝国而言。

〔53〕巴可茹斯为帕提皇帝俄洛德斯之子，他曾屡次领兵入侵罗马的叙利亚和小亚细亚一带，后为罗马将军温提底乌斯所败而死。

〔54〕温提底乌斯为意大利中部皮塞嫩郡(Picenum)人,因参加内战,被罗马方面所俘,发作罗马官吏的随从。后随恺撒远征高卢,立下战功,为恺撒所赏识。恺撒死后,他附和安东尼,公元前39年,奉安东尼之命,率兵至小亚细亚、叙利亚抵御帕提人,屡战屡捷。

〔55〕卡尔波即巴庇累乌·卡尔波,见前。

〔56〕卡修斯(Cassius Longinus),公元前107年任执政官,因青布累人南侵,率乒出镇高卢—纳尔波嫩西斯(Gallia Narbonensis),兵败身死。

〔57〕斯考茹斯·奥瑞利乌斯于公元前105年任高卢巡阅使(legatus)。青布累人入侵,他战败被俘,后遇害。

〔58〕塞尔威里乌·车比约于公元前106年任执政官,率兵至高卢—纳尔波嫩西斯抵御青布累人,次年,与执政官马古斯·曼里乌斯一起被青布累人击溃。据说这次战败,罗马丧亡十二万人。塞尔威里乌下狱。

〔59〕马古斯·曼里乌斯,或作马古斯·马里乌斯(M. Mallius),见前注。塔西佗所谓五个执政官即指卡尔波至马古斯·曼里乌斯而言。

〔60〕这里所谓一位恺撒即指奥古斯都而言,因他亦以恺撒为名。

〔61〕瓦茹斯(Quintilius Varus),公元前13年任执政官。公元7年,出守日耳曼尼亚边境,到任以后,甚为贪残。威悉河畔新归附之日耳曼人不甘受其压迫,乃推车茹喜人阿尔密尼乌斯(Arminius)为首领,暗图暴动。瓦茹斯略有所闻,遂率领三个军团前往镇压,行至利卑河北段一带山林(今德特莫尔德 Detmold 附近)中,猝遇阿尔密尼乌斯之伏兵。罗马军大败,瓦茹斯自刭死,三个军团被歼灭殆尽,生还者仅数人。噩耗传至罗马,奥古斯都悲愤已极,他将身上所著之拖袈撕破,并大呼:“瓦茹斯!还我三个军团来!”罗马本拟大举征服日耳曼人,自此败后,征服之计划遂成泡影。

〔62〕德鲁苏斯即前文之德鲁苏斯·日耳曼尼库司;日耳曼尼库司即德鲁苏斯之子,名为日耳曼尼库司·恺撒:父子二人均曾击败过日耳曼人。尼罗为日耳曼尼库司·恺撒之子,德鲁苏斯·日耳曼尼库司之孙,非暴君尼罗也。史籍中没有这个尼罗和日耳曼人交战之事,也许塔西佗别有所据。

〔63〕塞姆诺内斯人住在现在德国的萨克森、哈斐尔河与斯普累河之间。公元

二世纪以后，他们率从南迁，塞姆诺内斯人之名遂消失；而后来的阿勒曼人即由他们组成。

〔64〕郎哥巴底人在公元一世纪时住在塞姆诺内斯人的西北面，在现在易北河下游鲁尼堡(Lüneburg)附近。他们是从斯堪狄那维亚半岛向南迁的。郎哥巴底人后转音成伦巴底人。他们是否属斯维比人，至今还有争论。

〔65〕柔底尼人住在易北河下游东岸，他们可能就是撒克逊人。

〔66〕盎格利夷人住在石勒苏益格(Schleswig)东面之盎格尔半岛，他们即后来之盎格尔人。

〔67〕努伊托内斯人也住在易北河口附近。

〔68〕纳尔土斯原是近东一带古代居民所崇奉的一位女神。这种信仰后来流传到各地。日耳曼人中供奉她的为印盖窝内斯人。斯堪狄那维亚半岛上也有人崇奉纳尔土斯，并有许多地方因她而得名，如阿普兰(Uppland)之纳尔土纳(Närtuna)。

〔69〕厄尔门杜累人住在现在德国中部图林吉亚山林中，属于厄尔密诺内斯人。据近代语言学家的研究，图林吉亚地名即由他们而来。他们在罗马帝国境内享受特权的原因是由于他们没有参加公元 9 年的阿尔密尼乌斯起义。他们也是后来阿勒曼人的一个部分。

〔70〕阿尔比斯河即今之易北河。罗马人曾经一度兵威及于此河。但塔西佗写本书时，该处已经又沦入日耳曼人之手。他所谓“曾经一度对这条河很熟悉，但现在我们只是耳闻其名而已”，乃是对罗马帝国声威衰减的一种讽刺。

〔71〕当恺撒征高卢时，马可曼尼人正住在美因河与莱茵河之间。后因罗马侵占了莱茵河西岸，他们在酋帅马罗波杜乌斯领导下，东迁至波希米亚。公元前 9 年，他们被德鲁苏斯征服，后与罗马人建立频繁的商业关系。

〔72〕夸地人原来住在美因河北部。公元前 9 年东迁，曾扩张到现代的匈牙利北部。他们与马可曼尼人有很密切的关系。

〔73〕马罗波杜乌斯是马可曼尼人的酋长。他曾到过罗马，可能在罗马军队中服过役。后来他带领马可曼尼人迁到波希米亚，征服了原住在那里的波依夷人，并建立了强大的政府，统治着他们，其政府规模颇仿效罗马。他所统治的王国势力一度很强；范围从多瑙河到维斯杜拉河和易北河；臣

服于他的日耳曼人部落很多。后当阿尔密尼乌斯率领北部日耳曼人起义反抗罗马时，马罗波杜乌所受罗马收买，与阿尔密尼乌斯作战，公元17年，为阿尔密尼乌斯所败。他的部众反对他的统治，他被迫逃到罗马境内，受提庇留的保护，后死于公元35年。

〔74〕哥梯尼人住在现代波兰南部克拉科(Krakow)附近。

〔75〕据希腊神话，古代斯巴达国王丁达律斯(Tyndareus)和有神性的王后丽妲(Leda)生下卡斯托神和克利亭尼斯特拉(Clytemnestra)。但丽妲又与裘比德神结合而生坡鲁克斯神和希伦神(Hellen)。卡斯托神与坡鲁斯神同母异父，他们兄弟二人以友爱著称，曾共同游历过许多地方。此处塔西佗指日耳曼人所奉之阿尔契诸神也是特别友爱的兄弟神，所以用卡斯托神和坡鲁斯神为比喻。

〔76〕哥托内斯人即后来之哥德人。他们原住在斯堪狄那维亚半岛，公元前一世纪时迁至日耳曼尼亚，定居于维斯杜拉河口。在他们这一块住址上，曾发现过火葬坟和尸葬坟，其形式与瑞典南部所发现的坟墓相似，据考证，他们是由瑞典迁出的，其老家为哥塔兰(Götaland)而非哥德兰岛。

〔77〕茹给夷人住在奥得河口附近，今之鲁根岛(Rügen)即因他们而得名。他们是由挪威西南的罗加兰(Rogaland)迁到日耳曼尼亚来的。在罗加兰，曾经发现很多罗马的物件，这些物件与奥得河口及一些丹麦海岛上所发现者完全一样，这说明茹给夷人由挪威迁来时曾在丹麦岛屿上停留过。在斯堪狄那维亚半岛上所发现的许多从罗马进口的商品，主要是由奥得河口的茹给夷人和他们留在丹麦岛屿和挪威西南的本族人通商而带去的。

〔78〕勒莫威夷人住在波罗的海南岸。

〔79〕绥约内斯人为本书中唯一肯定住在斯堪狄那维亚半岛上之部落。他们大多住在阿普兰附近，在该处曾发现不少树有直立大石块的坟墓，想见当时人口颇为稠密。塔西佗在本节所描述的船和近代在斯堪狄那维亚半岛所发现的古代船只形状极为相似。塔西佗说到他们平时收藏兵器的现象颇为奇特，恐系作者误以绥约内斯人在某些节日中的习惯作为平时的现象。至于他们国王权力之大，也并不如塔西佗所述之甚。不过因为他们的国王掌管所有的船只，又兼任最高的祭司，所以比其他日耳曼

人的国王权力较大一些。

〔80〕按此处所描述的太阳神，乃指希腊神话中之阿波罗神，亦名菲布斯(Phoebus)。

〔81〕伊斯替夷人住在现代苏联立陶宛社会主义共和国西南角库里舍湖(Kurisches Haff)与弗里舍湖(Frisches Haff)之间的半岛上。他们在古代占有的地方较广，可能北至于芬兰湾一带。出产琥珀的海岸在维斯杜拉河口以东的沿海。他们的语言是否类似不列颠语，颇属可疑。近代人种学者一般把他们列入波罗的人(Baltic)之列而不视为是日耳曼人。

〔82〕昔托内斯人住在现代芬兰境内。

〔83〕掊契尼人，或称巴斯塔乃人。在早期罗马史料中，都将他们当作克尔特人——即高卢人。但近代学者肯定地证明他们是日耳曼人。在图拉真纪功柱上刻着他们的形象，其头上带有日耳曼人所特有的发髻；同时，他们的坟墓形式和西部日耳曼人完全一样，而与东部日耳曼人不同。他们本住在日耳曼尼亚本土，公元前一世纪末，斯堪狄那维亚半岛上的日耳曼人陆续迁移至日耳曼尼亚东部，掊契尼人受到压力，因而从波罗的海南岸迁到了黑海西北岸。如喀尔巴阡山、巴斯塔尼凯—阿尔卑斯(Alps Bastarnicae)等地名均与他们有关，由这些地名可以找出他们迁移的路线。

〔84〕维内狄人就是温兹人(Wends)，所谓温兹人就是古代日耳曼人对斯拉夫人的称呼。塔西佗说维内狄人在掊契尼人与芬尼人之间，考其地址，也正是斯拉夫人原来的居住地。

〔85〕塔西佗所谓芬尼人，以其名称而论，应当是芬人(Finn)，以其生活情况而论则不像芬人而像拉普斯人(Lapps)：关于这一点，争论很多。但事实上，现代挪威语中的拉普斯人仍指芬兰人(Finners)而言，所以芬尼人之住在芬兰一带大致是没有问题的。

〔86〕实际上是有俄克昔约内斯人的，他们居住在萨尔马泰人境内，应当属于何种人已失考。

译名引得

二　画

三　画

四　画

五　画

六　画

七　画

八　画

九　画

十　画

十一画

十二画

十三画

十四画

十五画

十六画

十八画

图书在版编目(CIP)数据

阿古利可拉传　日耳曼尼亚志/(古罗马)塔西佗著;马雍,傅正元译.—北京:商务印书馆,2017
(汉译世界学术名著丛书:120年纪念版:珍藏本)
ISBN 978-7-100-14220-5

Ⅰ.①阿…　Ⅱ.①塔…②马…③傅…　Ⅲ.①古罗马—历史　Ⅳ.①K126

中国版本图书馆CIP数据核字(2017)第137937号

汉译世界学术名著丛书
(120年纪念版·珍藏本)
阿古利可拉传　日耳曼尼亚志
〔古罗马〕塔西佗　著
马　雍　傅正元　译

商　务　印　书　馆　出　版
(北京王府井大街36号　邮政编码100710)
商　务　印　书　馆　发　行
北京通州皇家印刷厂印刷
ISBN 978-7-100-14220-5

2017年12月第1版　　开本710×1000　1/16
2017年12月北京第1次印刷　　印张6½
定价:35.00元